依賴陷阱

在脆弱中找回勇敢，
凝視關係困局，重拾自我的21個練習

海苔熊——著

推薦文

先有覺察，而有愛的可能

Repeat／人類圖講師、作家

在網路書店搜尋「人際」這個關鍵詞，會出現將近八萬五千筆搜尋結果，從朋友、同事，再到伴侶、親子、家庭。如何在人與人互動之間找到切入點、平衡點，永遠都是最被關心的話題。

從人類圖的角度來看，就像海苔熊在這本最新著作《依賴陷阱》中指出的，依賴是一種共生關係，這樣的陷阱在家庭、親密關係甚至是職場當中都可以見到，無論是依賴者或照顧者、有意識或無意識，一段關係在開始前、開始後，從過程到結尾，都會有著不一樣的狀態。

人類這個物種，在基因的設定上總是不自覺地去尋找與自己相反的特質。我們不會真的從他人身上「吸收」能量，也無法真的「借用」，那都是制約，就像海苔熊說的，那是「忽視自己後的自我感覺良好」。

人際，人際，人我分際。在任何關係當中都沒有百分百適合的兩個人，因為彼此就是不一樣的個體，而每一個個體因自己獨特的設計，有著不同的恐懼與不安全感，也有著不一樣的原生家庭與社會制約。

很多人以為人類圖在看「關係合圖」時，是要看關係中的兩個人「合不合」，但其實合圖看的是「把兩個人的圖合在一起時出現的新問題」，唯一且正確的面對方式，就是「解決自己原本的問題，並且為自己做決定」。

海苔熊在書裡點出了核心的關鍵：許多人無法，也不願意真正地為自己做出決定，無論是因為承接了他人的期待，有過創傷經驗，或是對關係的不信任，我們把做決定的權力交在他人的手裡。

如果說人類圖真的帶給世界什麼改變，我想就是從這些人際中無所不在的依賴陷阱裡，拿回自己人生的主導權。回到心理的面向，海苔熊在這本書中提供了各種不同層次的自我覺察工具，唯有發現自己的依賴狀態，我們才能逐漸找回屬於自己的安全感與信任感。

透過理解，我們才能夠真正地愛自己，愛他人。

推薦文

在依賴背後，你看見什麼？

SKimmy／YouTuber、作家

還記得我的小說《戀愛腦的不心動挑戰》甫上市之際，海苔熊與我在Podcast上，針對故事中的種種劇情、自我覺察議題，暢聊了一波。其中，他最感興趣的名詞「依賴陷阱」，其實也是讓我感受最深的一個主題。

然而，隨著海苔熊問得愈深入，我發現當下的自己，進入了一種「難以描述意識深處之迷霧」的狀態⋯⋯

是啊，我為什麼要使用「陷阱」二字，來描述書中角色所經歷到的「依賴關係」呢？

那些在我的過往裡，曾以「照顧／被照顧」的模式，使我感到窒息、束縛、被人掐住命脈般的親密關係，當中的威脅與不適，最核心的原因，究竟是什麼？

海苔熊的這本《依賴陷阱》，無疑是撥開層層迷霧、直達意識深處之作。

相信所有在「依賴關係」中，隱隱感到透不過氣、渴望自由的人，都能在本書中，不僅找到解答，更能找到解方。將自身所處的「依賴陷阱」，轉化為「美妙合作」。

推薦文

找回在關係裡的安全感

胡展誥／諮商心理師

「我這麼愛你，你怎麼會覺得我在傷害你？」

在諮商中，經常遇到類似的情況：付出的一方感到挫折、無力；而接收的一方有時也覺得壓力很大、完全被掌控。在這種情況下，雙方開始不自覺地指責彼此，想要找出誰對誰錯，試圖停止這種不舒服的互動。

弔詭的是，一但陷入這種「尋找凶手」的行動，註定會讓這一段關係陷入更難以挽救的窘境。

為什麼呢？

因為在這種「從愛出發，卻通往複雜」的互動當中，彼此其實都「貢獻」了一部分的力量，才會促成這種關係模式。

我們都是帶著自己的議題與另一個人相遇、相處。我們會把自己在生命早期所匱乏、受傷、想要被滿足的部分，不自覺地放到親密關係的互動當中。表面上看起來是在照顧對方，實際上也是在照顧著內在的自己。

好比說：過度依賴的一方展現出「要」的姿態，很可能也在保護內在那個害怕受傷，或害怕負責任的部分；而過度照顧者經常展現出「給」的姿態，也可能是在保護內在害怕失去控制感，或自我價值低落、覺得要努力付出才會被愛的部分。

在關係的初期，二者會感受到和諧與融洽的體驗，彼此都會覺得對方是自己的天選之人。但隨著時間，會發現這種「共生」的狀態讓人感到窒息。

倘若你也在親密關係中有這種體驗，該怎麼辨呢？

作者海苔熊在這本書提出「拯救者：養、套、殺」與「依靠者：等、靠、要」的行為模式，提升我們對於這種現象的敏感度。意識到自己有類似的狀況時，可以練習用更正向的方式來經營關係，照顧自己的需求；意識到對方有這些狀況時，則可以練習劃出界線，幫助自己擁有更自在的生活。

推薦文

走出依賴陷阱，創造對話與流動

張忘形／溝通表達培訓師

很多朋友問我，是不是會溝通，就能遇到幸福呢？在教溝通的我往往會說，這很難回應。

有些時候，我們在關係中遇到了一些阻礙，或許會認為，那一定是我們沒有遇到真愛，或是我們沒有好好溝通。然而，即便換了個對象，也好好溝通了，明明那麼積極地解決問題，卻還是上演相同的劇本。也許你會更好奇，「為什麼」會這樣？

而這個「為什麼」，正是《依賴陷阱》一書想要帶你去看的事情。

我在閱讀這本書的過程中，不斷地被「打臉」。以前的我，雖然不是依靠者，卻是文中的拯救者。我總是把我的控制包裝成關心，並且常常介入對方的人生。

我很享受這種「有能力」帶來的成就感，對方可能也習慣了我的照顧與給予。於是，我往往能用這樣的給予換取我要的東西，而對方就算有什麼想法，也不敢說出口。長期下來，這樣不平等的關係當然是不會幸福的，因為我總覺得自己是付出的那一個，對方老是被動配合，或許某一天，兩個人都會爆炸。

如果我們能看懂這樣的陷阱，會忽然發現，其實所謂的溝通，很可能都只是某一方一廂情願的想法。但如果能看懂兩個人的互動模式，你就會發現拯救者可能需要的不是問對方到底還有什麼不滿意，而是學會放手。而依靠者需要的不是怎麼管理自己的情緒，而是勇敢地說出需求。

這種依賴不只是在情感關係，更在家人、朋友，甚至職場之間都可能發生。書中不僅讓你深刻地了解這樣的模式，更重要的是提供了許多的練習與方法，讓我們可以和對方對話之外，更能夠與自己對話。

很多人覺得「不期不待，不受傷害」，卻讓關係變成不會流動的死水。這本書還想告訴你的是，好的關係是我們彼此都抱有期待，透過好的溝通，知道彼此的想法與價值觀差異。願我們都能校準對彼此的期待，跳脫依賴陷阱，創造關係中的對話與流動。

推薦文

在關係裡，為自己擎一盞微光

張瑋軒／「女人迷」創辦人

我常想，「身而為人」最難的是什麼？與海苔熊聊天，我想我們都有共識的是，人生最難的莫過於了解自己，以及擁有一段自己想要的理想關係。

海苔熊潛心研讀心理學多年，我最欣賞他的是，那些研讀不只是在理論課本裡，而是在生活中時時刻刻地實驗、探索，與自我和友人們辯證。在這本書裡，可以看見海苔熊用一個又一個讓人感同身受的故事，一語道破其中的心理陷阱。我尤其欣賞他能大量引經據典，融會貫通各家學派方法，收納聚焦有效工具，提供可能正深陷其中的讀者自我解救。

當他討論關係時，他也秉持不憐憫、不說教、不批評，而是用一種同理的方式，透過情境重現、情緒承接、理論分析，讓讀者有機會層層遞進，衷心理解一段關係的主角必須是自己。一段關係的好或壞，每個人都有責任，依賴陷阱不只是「被依賴者」的問題，也不都是因為「依賴者」。一段關係的締造、催化、鞏固，從來就是彼此共生的，但究竟是病態的上癮症狀，或是能更好地創造，更多根源從來不在他方，而是源自於己。

這是一本能幫助你認知關係、看見自己的好讀著作，願我們都能更好地成為自己，唯有成為自己之後，才有機會擁有一段豐盛健康的關係。

推薦文

從依存到平衡

陳曉唯／作家

似乎是《伊索寓言》裡的一則故事。

一位從事漂白布匹的人搬去一位燒製煤炭的人家隔壁，燒製煤炭的人前去談話，對他說：「我們可以同住一屋，這樣不僅能讓關係更為親密，生活更為方便，還能省下許多花費。」漂白布匹的人聞言後回答：「或許你說得對，但這是不可能的，因為我漂白的布匹，最後都會被你燒製的煤炭染黑。」

這則故事的寓意是「道不同，不相為謀」。理念不同者之間必然存有一條界線，無法相容，必須要有所「分別」。

然而，於我們生命中的諸多情感關係，並不如故事所談，得以輕易地劃分界線，找出涇渭分明的可能。更多時候，人與人之間的關係是參差錯綜的，存有隱晦且灰色的狀態。人們追求親密與安慰，更追求相互依存，於焉形成共生的關係，且於其中不斷地追索著平衡。

《依賴陷阱》探討的便是「依靠者」與「拯救者」之間的共生關係。海苔熊透過各種案例，不僅對人們情感裡的失衡一一抽絲剝繭，釐清細解個中盲點，他更書寫、解析與點明多數人不願意面對的，情感關係裡的「恐怖平衡」。

情感的失衡或許是顯著、易見的，情感的「恐怖平衡」卻往往為人所忽略。看似「平衡」的狀態裡，其實潛藏著當事者，亦即「依靠者」與「拯救者」不自知，或自知卻無法自解的難題。

《依賴陷阱》除了點出失衡與恐怖平衡的困境、提供適切的解方外，同時也讓閱讀者再一次自我檢視，檢視自身於情感象限的經緯，為自己與他者之間找出一條溫和而安定的界線。此界線並不如漂白布匹之人與燒製煤炭之人，如此地判若黑白，而是為自己覓得一種安適的可能性，於下次面對人際關係裡可能的依賴難題時，能擁有自癒，甚或癒人的能力，得以將依賴的困境，轉為信賴的順境。

推薦文

一條真正擺脫依賴陷阱的路

劉軒／作家

在華人家庭中，常見一種相處方式叫「糾結」（Enmeshment），家庭成員之間缺乏界線，過度干涉對方的生活，還會用情緒化的方式維持這種控制。這樣的情感糾纏，讓雙方都陷入了依賴的關係中，一方可能太強勢，另一方或許過度遷就，兩人綁在一起都不快樂，難以真正實踐自我。在這樣的環境中長大的孩子，也往往在成年後有心理健康的挑戰。

不少華人認為「設立個人界線」只適用於西方文化。然而，心理學研究顯示，人終究需要找到完整的自我，而不是靠別人來肯定價值。海苔熊的《依賴陷阱》深入探討這種失衡的共生關係，從不同心理框架來解讀這種關係問題，並在每個章節提供實際的解決方案，讓讀者逐步走出這種困境。

與海苔熊聊天時，你會發現他雖然是個暖男，但在面對心理問題時，他有著學者般的嚴謹和理性。他的使命感很強烈，希望大家能減少痛苦，在書中提供的方法，可能會讓你直面內心深處的恐懼，但最後能幫助你找回自己。

這本書不適合完全的新手閱讀，但如果你有點心理學的基礎，這本書將會帶來更多深刻的解析與建議，幫你更了解這類關係中的問題，也為你指引一條真正擺脫依賴陷阱的路。

推薦文

當愛變成依賴，我們能怎麼做？

蔡佳璇／「哇賽心理學」執行長

「為什麼我對他那麼好，他還是離開我？」「是不是我做得不夠多？還是我根本『被工具』了？」「我覺得他在控制我，可是如果沒有他，我怕自己什麼都做不了。」這些話，都是我常在治療室裡聽到個案傾訴的困擾。

在關係中，我們常常會誤以為是求助或依賴的那方不停地索討，讓別人承擔他不願意扛的責任和壓力，卻未意識到提供救助或照顧的那一方，也在花費大量時間和心力去支持「弱者」的過程中，滿足了自我成就和價值的需求，更甚者還會把對方的弱點放在聚光燈下，鼓勵對方更依賴，來形成彼此餵養的共生關係。

這樣的過度依賴，不只是發生在伴侶當中，親子、朋友，甚至職場當中也常常變形存在。如果沒有明確的自我認同，了解自己是誰、自己喜歡什麼、自己想要什麼，就很容易在關係當中「失去自我」。

一旦出現失去自我的恐懼，為了保持自我意識，我們就會在關係中退縮。一會兒親密，一會兒因為太靠近而拉開距離，重複這樣的循環，最後導致雙方的挫敗和不滿。

當愛變成依賴，我們能怎麼做？

認識海苔熊多年，他總是能將艱澀的心理學理論融入日常，透過細膩又溫暖的爬梳，讓你從中看見自己。書中所提到的故事和練習，可以陪伴你走過不安，找回獨立、自信的自己。

如果你一直以來是個依靠者，讀了這本書，可以學習怎麼安放自己，給對方呼吸的自由。

如果你一直以來是個拯救者，也可以一點一滴累積「自我肯定」的價值，不用再擔起英雄角色。

當過度依賴，變成適度依賴，我們將能夠充分地信任別人。即使顯露出自己的脆弱，也有足夠的自信，處理關係中的失落與衝突。

推薦文

凝視深淵讓人痛苦，卻也讓人自由

鍾穎／諮商心理師

《依賴陷阱》這本書，讓我們看見了熟悉的海苔熊，文字靈活，譬喻精準；也讓我們看見了令人驚豔的海苔熊，旁徵博引，觀察深刻。無論是職場、家庭，還是愛情，依賴與照顧的不對等關係隨處可見，這可以說是人際關係最常見的基本樣態，同時因為普遍，而讓我們習以為常。

一段好的關係本應彼此依賴，但依賴的不是一方的全能與另一方的無能，而是「我想要進步，你也想要學習」的意念。雙方擴大對意識範圍的覺知，與對成長的興趣，才是使關係變得平等，互動變得融洽的憑藉。

海苔熊在書裡為我們整理了許多令人安心的步驟，最重要的心法或許是「打破慣性，從回饋開始」。無論你是關係的依靠方，或是拯救方，都可以參考書中第7章的作法，有意識地打斷舊習的回饋，中止依賴的循環。

那些讓我們依賴的陷阱，經常因為短期、熟悉，而且低風險，反而讓我們付出長期的代價。無論是自助還是求助，作者多次誠實地提醒我們，各種方法都會有副作用，這也是我非常推薦這本書的原因。因為改變總是會讓我們痛苦，如書裡所言：「在感覺到重生之前，你會先感受到巨大的不舒服。」

但即使不舒服，承諾改變並採取行動，會讓人感到莫大的自由，因為那證明了「我可以，我能負責，而且我真的有選擇」。

請把這本書珍藏好，裡頭的提醒，你隨時都可能用到。

依賴陷阱

海苔熊——著

前言

寫給曾經落入陷阱的我

「你為什麼想要寫這本書？」劉軒哥問我。

這個問題的答案，可能要從八年前開始說起。

這本書的企劃曼靈，大概在我剛進彰師大諮商博士班的時候認識我。當時我們合作了好幾本書的宣傳，她住在我家附近，偶爾下班會經過我的租屋處，在信箱投遞一本新書，成為我們之間的小默契。我永遠記得她對我說：「有一天，我一定要出版你的書！」只是她可能想也沒想過，在信箱背後的那一棟建築，正上演著依賴陷阱。

我和當時的女朋友過得挺辛苦的。我還在讀書，一邊實習，一邊工作，經常入不敷出；女友身體狀況不好，經常臥病在家，長久下來也沒有辦法穩定工作。

但人總是要生活的，所以我做了一件很奇葩的事情：我在牆上貼了兩排紅包袋，每排七個，分別標出一週七天，每個紅包袋裡面放兩百元，成為女友每一天的零用錢。我知道那時候她的心情一定很不好受，畢竟沒有人會想要拿別人的錢過生活，但我們就這樣連滾帶爬，度過了一段相當不容易的日子。

老實說那段時間，我胸口經常覺得悶悶的，身上陸續出現大小症狀，頭痛耳鳴樣樣來，總覺得被什麼東西綁住，可是又無以名狀。在生活上，我會想要掌控她所有的花費，兩人經常為了用錢而吵架。記得有一次，她在星期二的時候就用完了整個星期的錢，我幾乎氣了一整天，不懂為什麼她不能夠按照我的方式去做。

後來我想一想，倘若我想要用資助女友生活費的方式過生活，最簡單的方法是每週固定給她費用，然後不過問那些錢就好了，為什麼我要有這麼強烈的控制感呢？說穿了，我只是無法面對心裡那種「失控」的恐懼，也很怕自己是個沒用的男友。

金錢只是其中一方面，還有生活大大小小層面的問題。我總覺得她就像是一個體弱多病的小女孩，我則像個時時刻刻要關心她身體狀況的大人，要帶她去看醫生，幫她處理很多瑣碎的事，好像一定要做很多，才顯現出我在這段關係裡面的價值。

我變成一個停不下來的人，又焦慮得團團轉。害怕自己沒有做好，害怕如果哪一秒我漏了一些什麼，會出什麼大事。

甚至到分開前，我都還很擔心她一個人是否能好好生活？如果沒有我，她該怎麼辦？所以儘管到了關係後期，雙方已磨得非常辛苦，我的內心仍有很多掙扎。

令我感到意外，但也很開心的是，我們分開以後，她開始捲起袖子，向家裡的長輩學手藝，靠著自己的力量，在社區裡做出口碑，街頭巷尾，沒有一個人不知道她開的這家小吃店。她去學跳舞，參加社團活動，常看到她的社群上有各種影片紀錄，不斷地發光發熱，我才赫然驚覺——那時候我以為自己是在保護她、照顧她、為她好，實際上這一切的一切，都是自以為是。

我被自己的陷阱給綁架了，活在拯救者的負面循環當中，我忘記了她其實自己也有好好生活的能力。我在她身邊放了各式各樣的拐杖，卻讓她的生活窒礙難行。反而是在她離開我以後，慢慢走出一片自己的天空。

書寫感情這麼多年，常常會有人說我是「兩性專家」。首先，我覺得性別本來就是多元的，不存在什麼「兩性」；再來，我也不覺得這個議題有什麼專家，至少我是因為很不厲害才來研究的。而且就算研究了這麼多年，我還是掉入了這個依賴陷阱裡面。

一直到我們分開了一段時間，我才看清楚，這一切是發生了什麼事。寫下這本書，一方面是為了紀念我們那段不容易的日子，一方面也想給彼此作為一個小提醒：倘若你在人生裡，曾經當過那個「需要靠著別人，才覺得自己存在」的依靠者，或者當過那個「不做點什麼，就會覺得自己很沒用」的拯救者，那麼，請不要責怪自己太多。或許這一切並不是你做錯了什麼，而是你沒有看見陷阱就在那裡。

「依賴陷阱」之所以叫陷阱，就代表在陷阱的上方，有一塊吸引你的「肉」，可能是某種甜頭、某種你習慣的生活方式、某種你做了之後會覺得安心的舉動，但在這塊肉的下方，卻有一個巨大的洞穴或牢籠，當你咬下肉之後，就會落入其中。

我花了一點時間，才看清楚這個陷阱的模樣，並且發現這樣的陷阱不只存在感情，同時也會發生在家庭、親子、工作，甚至在生活中你所依賴的各種的人、事、物上，一步一步侵蝕你，一點一點損害你與對方的關係。

在陷阱裡面的人，有時候是蓄意的，有時候是無意的，有時候是其中一個人刻意促成的，有時候是兩個人共舞而成的，但不論陷阱是如何組成，彼此可能都在痛苦當中，不敢放棄原先熟悉的角色。而這個恐懼，成為了彼此成長的阻礙。

分開以後，我們花了很長的時間療傷與和解，當我告訴她，我要出版這本書的時候，她阿莎力地對我說：「我知道啦！我會去買的！」還是像當年一樣率真。雖然我們的人生在某一個交叉點後分向兩頭，但因為這個分開，而看到更多彩色後，我才明白，或許彼此依賴，並不是關係唯一的答案。

我想要謝謝當年的她，也想謝謝曼靈、軒哥和編輯小米，讓我有把這個故事寫出來的機會，也期待透過這個故事，以及這本書裡面大大小小的許多個故事，陪你一起走過那些關係裡的傷痛。看見那些傷痛背後，一個又一個，炙熱，而渴望被愛的心。

註：為保護當事人，本書的所有故事（包含本篇）均經同意改編撰寫而成，並且無可供辨認之虞。

目次

推薦文
先有覺察，而有愛的可能／Repeat 3
在依賴背後，你看見什麼？／SKimmy 5
找回在關係裡的安全感／胡展誥 7
走出依賴陷阱，創造對話與流動／張忘形 9
在關係裡，為自己擎一盞微光／張瑋軒 11
從依存到平衡／陳曉唯 13
一條真正擺脫依賴陷阱的路／劉軒 15
當愛變成依賴，我們能怎麼做？／蔡佳璇 17
凝視深淵讓人痛苦，卻也讓人自由／鐘穎 19
前言
寫給曾經落入陷阱的我 22

PART 1 過度依賴其實是一種病？

第1章 一種共生的上癮關係 30
第2章 陷阱的源頭——大母神的兩種原型 41
第3章 沒收自我的關係——想要改變，卻又害怕改變 49
第4章 「自囚受害者」現象——為何我總是放不下？ 63
第5章 不穩定的高自尊——關係中的權力感受覺察 79
練習篇 相遇之前你是誰？ 87

PART 2 你的逃離裡，有你的恐懼

第6章 被拒絕的恐懼 92
第7章 生命的兩種動力——「趨樂避苦」和「維持穩定」 107
第8章 為何我好想被愛，卻又好怕被愛？ 119
第9章 恐懼之井——你真正害怕的是什麼？ 132
練習篇 自我塔——什麼是你無法放棄的自己？ 143

PART 3

無法共同成長的關係，一秒都嫌多

第10章 所有的關係，在開始的那一刻就已經結束了 148
第11章 舒適圈之愛——那些沒有不好，也不算很好的關係 163
第12章 家庭、感情與職場中的依賴陷阱 171
第13章 渴望答案的你，真正需要的其實是平衡 179
練習篇 關係檢核測驗——你們的關係，是成長，還是消耗？ 189

PART 4

解構恐懼，重塑信任

第14章 「自我」信任的力量 196
第15章 拯救者的恐懼、愛與信任 210
第16章 關係即陰影——那些最好和最壞的你都在這裡 222
第17章 從期待校準，到關係校準 235
練習篇 象徵構成——打開你的內在地圖，發現物件背後的祕密！ 257
結語 成為先改變的那個人 262

PART

1

過度依賴
其實是一種病？

依賴陷阱正是一種「依靠者」
與「拯救者」之間的共生關係，
而且這樣的關係
可能發生在伴侶、親子、朋友，
甚至是職場當中。

第1章

一種共生的上癮關係

「一直以來，我都認為自己是個很黏的人。直到遇見Hank，他的出現，讓我感覺到前所未有的安全感和歸屬感。

「我們的第一次約會，是在大安區巷子裡的貓中途咖啡。他為我點了一杯卡布奇諾，並小心翼翼地為我擦去桌子上的水漬。那一刻，我心裡湧上一股莫名的感動，似乎找到了長久以來渴望的依靠。我好久沒有被這樣子放在手心上了。

「隨著時間的推移，Hank成了我生活中不可或缺的一部分。每當我感到不安或悲傷，他總是第一個出現在我身邊，用溫暖的懷抱和鼓勵的話語安慰我。他總是那麼無微不至，從生活的大小事，到心靈每一處的細微傷痛，他似乎都能一一梳理，讓我感到無比的安全和滿足。

「然而，我發現這份依賴漸漸變質。我開始放棄自己的社交圈，甚至是興趣愛好，只想和 Hank 在一起。我變得愈來愈依賴他的肯定和關注，我的世界彷彿只剩下他。有一次，他因為工作忙碌而已讀不回，我竟然感到莫名的恐慌和焦慮，整個人彷彿失去了方向，那種被遺棄的恐懼讓我窒息。

「我開始意識到，我對 Hank 的依賴已經超越了正常人的程度。但每當這個念頭浮現，我就會不自覺地想他，渴望他那安撫人心的聲音和擁抱。我怕失去他，怕沒有他的日子裡會迷失自我。

「有一天晚上，我已經忘記我們是為了什麼而吵架了。只記得最後，我指責他不夠關心我，而他則無奈地告訴我，他覺得自己被我的需求和情緒絆住了，無法呼吸。那一刻，我看到他疲憊的眼神，意識到我們的關係已經走到一個不健康的境地。這種依賴不僅讓我失去了自我，也讓 Hank 感到負擔。

「我被這個依賴的陷阱困住，無法自拔。我想要尋找回那個獨立、自信的自己，不讓想讓自己成為他的拖油瓶，但我內心充滿很多無名的恐懼，也不知道要怎麼開始……」

Sherry 對我說著，眼神裡充滿惶恐與無助。

你聽過依賴陷阱嗎？

我的好友 SKimmy 在小說《戀愛腦的不心動挑戰》當中曾提到「依賴陷阱」這個

名詞，我們也經常在生活裡聽聞如 Sherry 和 Hank 這樣的故事。為什麼太過靠近一個人，會演變成深陷其中而無法自拔？為什麼每一次「被安慰」、「被接住」後，反而帶來更深的恐懼？其實，**依賴陷阱正是一種「依靠者」（Reliance）與「拯救者」（Savior）之間的共生關係，而且這樣的關係可能發生在伴侶、親子、朋友，甚至是職場當中。**

依靠者

依靠者，指的是在一段關係裡面看起來比較「沒有用」的那個人，包含在物質、生活、情緒價值等內外在需求上，傾向於大量向他人索求的一方。

依靠者往往內心有一個巨大的空洞，也因不知道如何填滿這個空洞，所以傾向於在關係中抓到浮木，就把所有的家當搬過去，直接定居下來（不管是心理上或生活上的家當），並期待對方可以給自己源源不絕的支持與安慰。一旦得到安慰之後，就會食髓知味，繼續扮演著這個「沒有用」的角色，因為沒有用，才能夠繼續被照顧。

依靠者可能自己也很討厭這樣，但是就是無法停下來，無法承擔一個人孤單的感覺。一般來說，依靠者會經歷「等」、「靠」、「要」這三個步驟的循環。

◆等：等待被照顧

依靠者的第一個步驟，通常是「等待」。在關係當中當一個被動的角色，等待別人送便當來，自己負責吃就好；等待別人說我愛你，自己負責收下就好；等待別人先做決定，自己再來評論結果就好；等待別人先安排出遊計畫，自己再衡量要不要參加就好；等待別人在會議中先舉手，自己再看狀況參與討論就好。只要願意耐心等待，就不需要負責。

換句話說，依靠者在這方面就像是一個小孩，因為不想要承擔責任，不想要當先付出的那個人，所以在做決定或是要給予東西的時候，總是比較遲疑。並藉由這種方式，減少自己付出的心力和精力，在關係中獲得一些「好處」。

在感情關係當中，你會發現有些人愛得有所保留，如果不是你開口邀約，他絕對不會約你；如果不是你拿起帳單，他絕對不會主動開口。在家庭關係中，有些家長會習慣「靠子」，什麼都要小孩做決定，好比手機或是電腦出問題，就把手機直接推到孩子面前，期待孩子來幫自己解決問題。更不用說在職場上，也有那種「辦公室寄生蟲」，什麼都不會，推工作最會。

「這些人到底在想什麼？」你可能心裡會產生這種好奇。其實這涉及幾個非常幽微的心理歷程，他們可能：

● **認為關係是不可信賴的**：依靠者常會認為，如果自己真心誠意地投入一段關係，把所有的「積蓄」（不論是精神、感情或能力）放在這裡，可能會全盤皆輸，與其最後虧本，不如先不要投入！於是，他們在戀愛中就顯得被動消極，在親子關係中就用過度依賴代替互相照顧，在職場上就當個廢物。看起來沒有輸，但也失去了關係裡的選擇權，讓別人來替自己做決定。

● **自我是模糊的**：「我不知道自己是誰」、「我不清楚自己要的是什麼」、「我不喜歡現在的生活，可我不知道該怎麼辦」——當一個人的自我模糊時，就會把這些課題帶到關係當中，投射到他人身上，並認為「其他人要對自己的課題負責」。值得注意的是，當其他人愈是幫忙，依靠者的界限就會愈發模糊，從此變成惡性循環。

● **總覺得委屈受挫**：等待的辛苦在於——不是每一次的等待都能換來想要的愛，因此，依靠者常會感到挫折，認為「為什麼你都沒看見我的需求？」、「我的要求並不過分啊！」、「為什麼你有時間關心別人，卻沒時間關心我？」等。凡此委屈，實際上是一種「過度期待」，期待拯救者「代理」（Agency）自己、幫自己做決定、負起全部的生活責任，但根本沒有人可以做到。所以這是一種注定失望的期待，恰好讓依靠者可以用「你讓我好失望」來繼續情緒勒索拯救者。

◆—靠：身心過度倚靠

到了這個階段，依靠者開始展現出更「積極」（實際上是「消極」）的依賴行為，例如被動等待照顧，尋求支持和保護。

最常見的是過度依賴他人來做決定，甚至在日常事物上也需要他人的幫助和指導。例如：明明已經成年，仍仰賴伴侶來處理所有財務；明明領一樣的錢，卻需要依靠同事來完成工作任務。

過度依賴的依靠者，看起來似乎「有所得」，但實際上他們心裡是恐懼的，恐懼對方不會再支持、照顧自己了，或恐懼自己如果要一輩子依賴對方，該怎麼辦。這會使依靠者在關係中變得更為不安，且往往會因想化解焦慮，又繼續向對方索取關心，於是自我更加弱化，不安全感也日益增加。

◆—要：不斷向對方索求

「這個我不會，幫我！」你旁邊的同事說，這已是他第二十二次請你幫他看簡報。

「你一定覺得我很沒用對不對？我就知道……」你的伴侶說，即使你根本就還沒有開口……

「沒關係啦，我一個人去看醫生，頂多路上出車禍，你再回來照顧我就好了。」你媽打電話來，表面上是體貼，實際上是「情緒勒索」（Emotional Blackmail）[1]。

這些都是「要」的訊息，依靠者會用各種巧妙迂迴的方式說出自己的需求，有的還會以不能去上學、不能去上班，甚至是以生命相逼，讓你進退維谷。

在這一個階段，依靠者的行為演變為不斷地向拯救者提出要求和期望，這次真的比前面更積極了！這些要求可能包括情感支持、金錢援助，或是其他形式的資源。依靠者可能會不斷測試拯救者的耐心和界限，而當他們的需求沒有得到滿足時，可能會表現出失望或怨恨，藉以情緒勒索對方。

其實，所有情緒勒索的人，都是將自身的恐懼傳染給對方（Emotional Contagion）[2]。依靠者多半對自己無能為力，以為唯有透過他人幫助才能滿足自己的需求和欲望，但又對自己這樣的行為感到厭惡和恐懼，於是乾脆把這種討厭的感覺也投給拯救者，說出「都是你害我變這樣的！」、「我不管，你要負責！」、「我不要，我不要，我偏不要！」或「你為什麼就是沒有辦法滿足我？」之類的話語，來造成對方的壓力。

依靠者又分成「有意識的依靠者」以及「無意識的依靠者」兩種類型。

有意識的依靠者對自己的依賴行為有一定程度的認識，簡單地說就是比較有「病識感」（Insight）。他們可能意識到自己過於依賴某人，但仍選擇這樣做，因為這種行為模式為他們帶來了某種形式的安全感或好處。

這種類型的依靠者，可能會在某些情況下，有意識地利用自己的依賴性來操縱或影響他人，例如「被動攻擊」（Passive Aggression）[3]，講很酸的話、刻意不合作，或「做球」，比方說出：「沒關係，我知道你兒子一定不放心我一個人回家的，對吧？」他們會使用這類技巧，以滿足自己的需求。

無意識的依靠者可能並不清楚自己的依賴行為，他們的依賴可能是不自覺的，也可能與他們的成長背景、過去經歷、未解決的心理議題有關。他們不了解自己為什麼總是尋求他人的幫助和支持，也可能不知道這種行為模式對自己或他人的影響。

例如：一個人可能因為童年時缺乏安全感，所以在成年後不自覺地尋求他人的保護和關愛。簡單地說，這種依靠者比較「無辜」，因為他們的依賴不是有意識操弄的，要是你問他「為什麼不能獨立一點」，他可能會回答：「我也不知道……」「我也不想這樣，可是我改不了……」而他們的行為，依然會造成身邊的人困擾或壓力。

1｜Forward, S., & Frazier, D. (1997). Emotional blackmail . Bantam.

2｜Hatfield, E., Cacioppo, J. T., & Rapson, R. L. (1993). Emotional contagion. Current directions in psychological science, 2(3), 96-100.

3｜Lim, Y. O., & Suh, K. H. (2022). Development and validation of a measure of passive aggression traits: the Passive Aggression Scale (PAS). Behavioral Sciences, 12(8), 273.

拯救者

拯救者，通常是給予依靠者支持和協助的人。他們可能會提供金錢、住處、情感關懷，或其他形式的幫助。為什麼要這麼做？可能源於愛、責任感、同情或控制欲望。

有些拯救者可能認為他們的行為是幫助他人，殊不知這種過度的照顧和幫助反而使依靠者更加無法自立。例如：媽媽總是幫孩子解決所有問題，可能會無意中阻礙孩子學習解決問題的能力；伴侶總是滿足對方所有需求，可能會讓對方變得愈來愈依賴，無法獨自做決定。

一個巴掌拍不響，在這樣的關係中，拯救者一定也有獲得好處，如感到被需要、能控制他人，或認為自己有用。他們可能在無意識當中享受這種感覺，或腦海裡浮現「我是英雄」、「他沒有我不行」之類的自我認同和滿足。一般來說，拯救者經歷的是「養」、「套」、「殺」這三個步驟的循環。

◆─養：大量付出照顧

在這個階段，拯救者會大量投入時間、精力和資源來照顧依靠者。這種照顧可能是出於愛、責任感，或者其他內在動機。

拯救者可能認為透過提供照顧，他們能夠獲得依靠者的依戀、感激或愛。然而，這種過度的照顧有時會無意中使依靠者變得更加依賴。

◆套：製造失能

到了這一階段，拯救者可能會開始採取一些行為，無意或有意地限制或削弱依靠者的能力和自主性。常見的方式是過度保護、控制決策，或不斷地介入依靠者的生活，讓依靠者「失能」。

拯救者的這種行為，可能源於拯救者對「失去控制」或「依靠者獨立」的恐懼。結果使依靠者變得更加無能、更依賴拯救者。而其實，反過來看，拯救者也更加離不開依靠者。

◆殺：採收成果

在這個階段，拯救者可能開始從他們對依靠者的投入中獲取回報或成果。這些「回報」可能是情感或性欲上的滿足，或是某種形式的物質。例如：孩子付出照顧，以期得到父母更多的遺產。

有些拯救者甚至會把依靠者當成自己的延長，給予更多限制。例如：限制伴侶「不可以去聚餐」、「不准穿什麼樣的衣服」，進一步強化控制和照顧的行為，藉此維持拯救者在關係中的優勢地位。

陷阱點

這些循環的過程，為什麼是一個陷阱呢？最主要的關鍵在於，雙方形成了互相離不開、互相影響、界限模糊的關係。

不僅是依靠者經常忘記自己其實也有做決定的權利，拯救者也會忘記自己有「拒絕做決定」的權利，經常要扛起各種責任，而覺得氣喘吁吁。

而如果拯救者是在有意識的情況下掌控、支配這一切，表面上透過「養、套、殺」收穫了性愛或金錢，但實際上，仍然是透過外部的手來滿足自己，依舊是無法自己給自己愛的。

說穿了，不論是依靠者或者是拯救者，都在一種「關係上癮」（Love Addiction）[4]當中，飲鴆止渴。享受著當下的快樂，也承擔著可能的風險和痛苦。

這就是為什麼，我們需要更深入地談談「依賴陷阱」。

第2章

陷阱的源頭——大母神的兩種原型

第一次聽到「大母神」（The Great Mother）[5]這個詞，是我在彰師大上黃宗堅老師「隱喻與象徵」相關課程的時候。當時，我對此感到非常驚奇，也赫然發現，原來拯救者，尤其是母親，很可能會在教養過程中展現出不同的面向，進而影響到孩子的依附關係。

「大母神」是一個廣泛存在於世界各文化與神話裡的概念，特別在卡爾．榮格（Carl Jung）的分析心理學中占有重要地位。一般來說，大母神具有「滋養」與「吞

4 《愛，上了癮：撫平因愛受傷的心靈》（*Love Addiction: You Can Find the True Love, Heal Your Past Unfulfilled Love and Pain*），伊東明著，廣梅芳譯，心靈工坊出版。

5 Neumann, E. (2015). The great mother: An analysis of the archetype (Vol. 14). Princeton University Press.

噬」兩種面向：

一、**滋養的大母神**：象徵著生命的創造、滋養，以及保護。這個原型通常與母性、育兒、豐饒、地球、自然相關，也是慈愛、溫柔和支持的來源。這樣的大母神是生命的給予者和維護者，例如在希臘神話中的大地之母蓋亞（Gaia）。

但凡事過猶不及，當滋養過度時，就可能轉化為過於保護子女，可能導致孩子依賴性強、缺乏自主能力，無法獨立成長。

二、**吞噬的大母神**：代表了破壞、死亡和混沌。這個原型象徵著那些毀滅性的力量，如天災、死亡、疾病和痛苦。在這裡，大母神成為一種令人畏懼和尊敬的精神，是生命循環中不可避免的終結者，例如印度教的毀滅女神卡莉（Kali）。

過度吞噬的大母神象徵著母性的破壞面，如過度控制和壓迫。在現實生活中，這可能表現為對子女的嚴格控制和壓抑，導致子女的個性受到壓抑，無法自由發展。

過度滋養

小潔被學校選中參加學校辦的畫展，這對她來說是一個展示自己才華和獨立完成作品的機會。然而，小潔的媽媽擔心小潔無法獨立應對，於是她「主動」與小潔的美術老師溝通，並親自「參與」了畫作的製作過程，幾乎主導了整個創作。

在畫展上，小潔的作品受到稱讚，但她覺得這份成就完全不是自己的……

在這個例子中，小潔的媽媽展現出「過度滋養」的原型，她可能是想要「保護女兒免受失敗的打擊」，但過度保護的心理驅使她過度介入，「淹沒」了小潔的獨立性。還有一種可能是，小潔的媽媽把女兒當成自己的「延長」，這包含：

- **對完美的追求**：小潔的媽媽對女兒有著不切實際的完美期望，她希望女兒在畫展中表現出色，以間接滿足自己對於成就和完美的追求。表面上是在幫女兒，實際上是自己心裡的「過度完美主義」過不去。
- **自我實現的需求**：在某種程度上，小潔的媽媽透過參與女兒的創作，也在尋求自我實現的機會，從中獲得滿足感和成就。換句話說，其實不是女兒在參展，而是媽媽在參展。

奇怪了，那媽媽為何不自己報名參加社區的美術比賽或畫展，要用這種迂迴的方式呢？其實這就是「代理成就感」（Achievement Agency），透過他人來滿足自己的成就或虛榮心。6

小潔的媽媽可能在自己的生活中感受到某種空虛，或年輕時有未實現的夢想，透過「女兒實現了這些夢想」來彌補自己的不足，此外，做這件事還可以滿足她「當一個好媽媽」的社會期待，根本一箭雙鵰！

過度吞噬

小美正在面對數學能力甄試，考高分可以保送國外知名大學，是個好機會，但因為知道出題頗難，自我要求高的她已為此壓力山大，常常睡不好。

小美的媽媽為了確保小美能取得好成績，為她安排了密集的補習課程，並每天檢查她的進度，嚴格監督她的讀書時間。

考試前夕，小美感到極度焦慮，甚至在考試當中崩潰，腦袋一片空白，將近二十分鐘都看不懂題目上的字。

小美雖然勉強完成了考試，但是成績並不理想。媽媽對此感到失望，罰小美跪到天亮。小美覺得自己被母親的期望壓垮，並且對數學產生了逃避心理……

在這個例子中，小美的媽媽展現出「過度吞噬」的原型，她的動機可能是出於對孩子未來的過度憂慮和對成就的追求，這種過度控制的心理，驅使她嚴格介入小美的學習過程，卻不知不覺「壓迫」了小美的心理健康。

小美的媽媽也可能是把她自己的「未竟事務」（Unfinished Business）[7]寄託在小美身上，這包含：

- **控制欲與不安全感**：小美的媽媽可能因為自己過去沒有達成的某些目標，或受過的壓抑，而對小美施加過度的期望和控制。透過嚴格管理女兒的學習生活，試圖確保小美「不會重蹈她的覆轍」，但這種行為，其實是媽媽自身不安全感的反映。

6｜Kriegbaum, K., Villarreal, B., Wu, V. C., & Heckhausen, J. (2016). Parents still matter: Patterns of shared agency with parents predict college students' academic motivation and achievement. Motivation Science, 2(2), 97. 研究顯示，父母過度介入孩子的學習，孩子會有較低的學業成就、較低的學習動機，甚至無學習動機，過度指導可能會抑制學生的自主性。不過，適度的參與是有正向幫助的。

7｜Rizal, S., Danim, S., Darmayana, I. W., & Apriani, E. (2020). Gestalt Counseling in Overcoming Unfinished Business. In International Conference on the Teaching English and Literature (Vol. 1, No. 1, pp. 370-385).

- **自我價值的尋求**：在某種程度上，小美的媽媽透過嚴格控制女兒的學習和生活，也是在尋求自己的自我價值感和成就。在她的心裡，小美的學業成績不僅是女兒的表現，更是她作為母親的成功指標。

換句話說，其實不僅是小美在應對考試的壓力，而是小美的媽媽透過女兒來實現自己對完美和成功的期望。這種過度吞噬的行為不但不能幫助小美，反而對小美的自信心和心理健康造成了嚴重的負面影響。

雖然過度滋養與過度吞噬，都是出於父母對孩子的「愛」與「關心」，但父母的心理需求與期望都超越了孩子自身真正的需求，成了無形的壓力。這兩種行為模式在動機、影響方式、具體表現是有差異的，我整理成表格：

	過度滋養	**過度吞噬**
動機、目標	保護、支持	控制、自我需求的實現
行為表現形式	過分介入、過度協助	嚴格控制、指令
對孩子的影響	依賴、自信心不足	感到壓迫和自由受限，引發反叛

總結來說，雖然過度滋養和過度吞噬都涉及「過度控制」，但它們的根本差異在於動機和對孩子的影響。過度滋養是出於對孩子福祉的高度關注，而過度吞噬則可能是父母自身需求和不安的一種反映。

當愛與關心影響了依附風格

如同小潔的媽媽、小美的媽媽，拯救者常常將他人的期望視為自己的期望，也可能覺得自己的身分和價值來自於對另一方的照顧和幫助，因此當他們無法達到這些期望時，就覺得自己失敗了。這種連續的失敗感加深了他們對自身價值的負面評價，導致他們認為自己是有缺陷的、不夠好的。

由於過度關注他人的需求，忽視自己的感受，拯救者會有一種「總是空空」的感覺。而當他們無法滿足依靠者期望時，也會感到焦慮和壓力，這樣的壓力又會傳遞給依靠者，兩者之間的關係可能就此進入惡性循環，並造成更多的孤獨和不安全感。

在心理學中，由瑪麗．艾恩斯沃斯（Mary Ainsworth）提出的「依附理論」，描述了依靠者與拯救者之間的不同依附風格，分別是「安全型」（Secure Attachment）、「焦慮—迴避型」（Anxious-avoidant Insecure Attachment Style）、「焦慮—矛盾／抵抗型」

（Anxious-resistant Insecure Attachment），以及「紊亂型」（Disorganized / Disoriented Attachment）。

安全型依附的孩童有基本的安全感，社交影響需求也有得到滿足，感到積極、安全，並在拯救者的存在下感到安慰。相反的，其他三種不安全型依附的孩童在某些方面的依賴需求未能被滿足，經常有恐懼的負面情緒，展現出高度的情緒波動、退縮被動，甚至是兩者交替出現的混亂情況。

這些依附風格也使依靠者產生不同的社交策略。例如：焦慮—矛盾／抵抗型孩童可能採用過度依賴的策略，他害怕得不到父母的關注，會大量吸引照顧者的注意力；焦慮—迴避型孩童則多會採取極端獨立的策略，將依賴和尋求關懷的需求最小化。研究發現，他們表面上看似若無其事，實際上那些平靜的情緒，只是痛苦的面具。[8]

另一方面，依靠者可能因為習慣了依賴他人的幫助，而失去了解決問題和面對挑戰的能力，這會進一步強化他們的無助感和自我價值感的降低。他們會逐步感到自己無法獨立生活，變得更加依賴拯救者。

第3章

沒收自我的關係——想要改變，卻又害怕改變

阿梅是一位非常細心和體貼的女生，她和 John 是一對交往了三年的情侶，在這過程中，她總是盡己所能地付出，好比經常放棄和朋友的聚會，只為了陪伴 John，甚至在職業上也做出妥協，選擇了一份不需要遠距離的工作，而非她夢想中的職業。

有一次，阿梅的一位老友來台南，邀請她出去走走。阿梅非常想去，但那天恰好要陪 John 參加一個飯局。站在選擇的路口，阿梅再次以 John 為主，放棄了與

8 | Sroufe, L. A., & Waters, E. (2017). Attachment as an organizational construct. Interpersonal development, 109-124.

老友見面的機會，但這件事成了她心中的一根刺，讓她開始反思自己在這段關係中的角色和位置。

阿梅開始思考，她在這段關係中過度犧牲自我，界限被不斷侵犯，甚至失去了表達自己真實感受的勇氣，究竟是為了什麼？她感到自己逐漸失去獨立性，但她還是無法「跟隨著自己內心的聲音」做決定，她好怕如果「做自己」，John 就會離開自己。

每次，阿梅試圖對 John 說出自己的感受和需求時，John 總是表現出不耐煩，或者直接忽略她的感受，這讓阿梅感到非常挫敗和無助。隨著時間的推移，阿梅覺得自己的價值和自尊不斷被侵蝕，愈來愈難以認出「自己是誰」，也開始質疑自己在關係中「到底想要什麼」。她的心裡浮現：「為什麼我這麼努力經營關係了，卻還是好不快樂？」

阿梅的朋友和家人開始注意到她變得不對勁，想要幫助她，但阿梅已經深陷於對 John 的情感依賴之中，無法自拔。在一次激烈的爭吵後，阿梅終於醒了，她發現這段關係已經無法帶給她幸福和滿足，只是不斷地消耗她的精神和愛。

儘管如此，阿梅仍然無法離開這段關係。她的自我已經被這段關係徹底「沒收」，不但無法獨立生活，也無法面對分離帶來的不確定性和恐懼。

阿梅的故事，反映了許多人在「沒收自我的關係」（Self Confiscation Relationship）[9]中可能經歷的情感困境和挑戰，他們在失去自我和情感依賴中掙扎，卻也害怕改變。

沒收自我的關係，是指在一段關係中，「自我」（Self）不斷跟隨著他人的喜怒哀樂起伏，無法擁有穩定的自我。在這種關係中，一方或雙方失去自我，無法自由表達或實現自己的需要、願望與價值觀的情況，共有五個典型特徵：

- **自我犧牲過度**：一方可能經常犧牲自己的需要和願望，以滿足另一方的需求。這種行為一開始常常被當成愛的表達，但隨著時間的推移，反而導致了「自我遺失」。
- **缺乏界限**：界限模糊或完全缺失是沒收自我的一大特徵。當事人會覺得自己沒有權利設定個人界限，在關係當中感到自己的界限不被尊重，或持續被侵犯。
- **溝通困難**：覺得自己的感受和想法不被理解或尊重，害怕表達真實的自我，因為擔心遭到拒絕或衝突。
- **自我價值感降低**：過度依賴對方的認可和肯定，忽視了自己的成就和價值。

9 | Granfield, R. (2001). Codependent Forevermore: The Invention of Self in a Twelve Step Group.

● **情緒依賴**：一方過度依賴另一方來獲得情緒上的滿足和安全感。這種依賴關係會削弱面對生活挑戰的能力，並限制發展個人獨立性的機會。

了解，是改變的開始。在談「解方」之前，我想先問一個問題：你覺得，阿梅的心裡發生了什麼？

阿梅的心理變化

阿梅在這段關係中，經歷了幾個心理變化過程：

一、**自我犧牲（Self Sacrifice）**：最初，阿梅認為「為愛犧牲」是正常且值得稱讚的行為。她不斷放棄自己的需要和願望，藉此滿足伴侶。在她的世界裡，或許「犧牲」是一種愛的形式，或過去的經驗讓她以為「想要的東西，要先讓給別人」、「對別人好，才能被愛」。這也意味著，如果不犧牲可能會失去愛，如果跟隨自己的感受做決定、拒絕他人的需求，終將會被討厭、拋棄。為了避免這種恐怖的事情發生，所以阿梅持續相同的想法和行為：**我應該要犧牲自己，以換得一段良好的關係**。

二、失去自我（Self Losing）：隨著時間的推移，阿梅開始感到自己的興趣、愛好和生活目標逐漸被關係所吞噬。她可能開始質疑自己的價值和存在的意義，察覺自己除了作為 John 的伴侶外，沒有其他身分。但是，此時她心中的主要「自我」是建立在 John 身上，這也意味著，如果阿梅按照自己的需求做決定，也就等同於放棄了「John 的伴侶」的這個核心身分。而因為放棄這個身分太痛苦了，所以乾脆繼續維持現狀，繼續犧牲自我。

三、情感依賴（Emotional Dependence）：阿梅對 John 的情感依賴逐漸加深，這種依賴不只是愛，也包含對 John 提供的確定性和安全感。阿梅可能會認為，只有在 John 身邊，自己才能得到完整和認同。到了這一步，往往會形成了一個負向循環的迴圈：犧牲自己的需求↓真實自我在犧牲中逐漸被吞噬↓伴侶自我在犧牲後逐漸茁壯↓真實自我愈來愈小↓伴侶自我愈來愈大。最後，伴侶的一舉一動就變成最高指導方針。John 快樂，阿梅就快樂，反之 John 難過，阿梅心情也會變差。

四、認知失調（Cognitive Dissonance）：幸運的是，覺察是改變的開始。當阿梅意識到這段關係對自己的負面影響時，可能經歷過認知失調，也就是阿梅的行為（繼續留在這段關係中）與她的認知（這段關係對自己有害）之間存在衝突。這種內在的矛盾可能導致混亂、無助和焦慮。看起來很難受，但也因為這個焦慮的來襲，痛苦鑲嵌到自己的情緒中，她才有動力改變。

根據社會心理學家費斯汀格（Leon Festinger）提出的認知失調理論[10]，當你的想法開始改變，並且和你的行為能力不一致時，就只有兩條路：改變想法以符合你的行為，或是改變行為，讓行為與想法一致。在這個例子裡面，阿梅發現自己不想再繼續自我犧牲，她可能會藉由停止順從John，來達到認知與行為的一致性。

五、恐懼和不確定性（Fear and Uncertainty）[11]：改變的最大敵人，往往是「習慣」。在過往的習慣中，維繫關係已成為一種膝反射。在考量自己之前，阿梅會立刻先想到對方。正因為想維繫關係的拉力太強，以John為核心的自我太過巨大，所以當她面對離開這段關係的選擇時，可能被深深的恐懼和不確定性困擾。她害怕失去這段關係所提供的安全感，同時也害怕自己無法獨立生活，甚至，連拒絕一同赴約的話也說不出口。

其實，阿梅愈不想當自私的人，愈是成為自私的人。表面上看起來她順從John的需求，但實際上她的一舉一動都是以恐懼為核心：她好害怕自己如果不再按照習慣做事，關係就會崩解，而如果關係崩解，也意味著她賴以維生的關係自我會遭到毀滅。

所以，阿梅實際真正關心的是「John怎麼看我」，或更明確的說是「我的安全感是否可以因為犧牲而被滿足」。說穿了，這就是一種飲鴆止渴的形式。到了最後，阿梅會發現，再怎麼努力也無能為力，而John的評價就像是風箏線，一次又一次勾動著她隨風搖曳的自信心。

告別沒收自我的關係

如果你發現自己像極了阿梅，困於其中卻不知所措，進退維谷又難以放手，那接下來的五個方法或許可以作為一步步脫離這種「毒性關係」（Toxic Relationship）[12]的開始，可以從你覺得容易操作的先試試看。

10｜Harmon-Jones, E., & Mills, J. (2019). An introduction to cognitive dissonance theory and an overview of current perspectives on the theory.

11｜Clark, G. I., Rock, A. J., Clark, L. H., & Murray-Lyon, K. (2020). Adult attachment, worry and reassurance seeking: Investigating the role of intolerance of uncertainty. Clinical Psychologist, 24(3), 294-305.

12｜指的是一種有毒、有害和不健康的人際關係，通常包含情感操控、界限不清、情緒虐待或病態依賴等。《脫家者》（*Adult Survivors of Toxic Family Members: Tools to Maintain Boundaries, Deal with Criticism, and Heal from Shame After Ties Have Been Cut*），雪莉・坎貝爾（Sherrie Campbell）著，天下生活出版。

◆—自我輕推（Self Nudge）13

花時間獨自反思，理解自己真正的需求和願望是什麼，包括回顧自己的興趣、愛好、職業目標以及人際關係中的期望。

例如：阿梅可能會想起自己曾經非常喜歡的繪畫，但自從和 John 交往後，就很少再拿起畫筆。她可能從一次的「暫停」中，回憶起畫畫時的種種過往，是她內心深處真正享受的事情，決定每週空出一個下午來做這件事。

然而，改變並沒有那麼容易，當 John 問她「週六下午有沒有空」的時候，就算她已經排好了畫畫的時間，也可能還是難以拒絕 John。儘管如此，也不用氣餒，阿梅仍然可以答應 John 的邀約，然後稍微「自我輕推」，讓自己一週的其他天可以實現與自己獨處的諾言。

發現了嗎？改變不需要和你過去的習慣完全相反，從你可以著手的地方，小小調整，一天一點，就能逐步灌溉你在「關係以外的自我」。

◆—重新評估時間分配

思考自己一天中花最多時間在哪裡，尤其是將大部分時間投入到哪些活動和人際關係中。如果你發現大量時間都花在了滿足他人而非自己的需求上，那麼就需要重新調整時間分配，以確保有足夠的時間用於個人成長和休息。

例如：阿梅一週如果陪伴John的時間是二十小時，有沒有可能縮減成十九小時？每週記錄一張「時間安排變化圖」，隨著日子的推進，就能夠逐漸培養一種自信——原來我並不總是需要伴侶的存在，才能證明我的存在。

◆尋找能讓自己更像自己的人

你可以仔細想想「和誰在一起，我比較像自己」，並藉此反思拓展自己的「人際關係基模」（Relationship Schema）[14]。這些人或許是你的好朋友、家人，或在某個圈子裡認識的知心朋友。轉移部分人際關係的部分重心到他人身上，並透過這種方式重建自信和自我價值的基石。

一般來說，在有意義的人際關係陪伴下，一個人會慢慢感受到自己的價值，找回

13｜Van Gestel, L. C., Adriaanse, M. A., & de Ridder, D. T. (2021). Who accepts nudges? nudge acceptability from a self-regulation perspective. PLoS One, 16(12), e0260531.

14｜Horowitz, M. J. (1989). Relationship schema formulation: Role-relationship models and intrapsychic conflict. Psychiatry, 52(3), 260-274.

那份最初的輕鬆和自在。例如：阿梅會逐漸看見，原來她的世界裡不是只有John，其他人也一起構築了她的自我。

◆—遠離讓自己感到焦慮的人

除了思考「和誰在一起，我比較像自己」之外，也可以進一步考量「和誰在一起，我很難做自己」，自己在哪些人際關係中感到最為壓抑，常常一邊相處，一邊內心焦慮。

一旦識別出這些關係，就可以重新設定界限，甚至是減少與這些關係中的人接觸，以保護自己的情緒健康，不被毒性關係侵襲。

◆—尋找安全感

最後，可以找出哪些地方、空間、活動，甚至是相處的對象，是讓自己感到最安全和舒適的。這可能是一個空間、一項嗜好，或是一個支持性的社交圈。試著主動將自己置身於這些環境中，在「不依靠毒性關係」的情況下，恢復內心的平靜和安全感。

這五個方法看似迥異，但目的都是一樣的：**藉由行動弱化你的關係自我，強化真**

實自我。當我們像阿梅一樣，發現自己在關係中迷失，不知如何是好，我們需要的不只是一絲光亮，而是一種溫柔而堅定的力量，引導我們找回自我。或許，從這五條路開始，我們可以逐步走出沒收自我的迷霧，把自己撿回來。

從自我輕推，到時間的重新分配；從找尋那些能讓我們更像自己的人，到遠離讓我們感到焦慮的關係，再到尋找安全感的避風港，每一小步的進展都是向前的一大步。不需要過度地逼迫自己，從目前能做的著手練習；不需要大改自己依賴的習慣，只需要每週留一點點時間給自己。隨著日子的推進，你會慢慢看見自己的轉變，而這些轉變也會進一步給你動力，成為正向循環的開始。

後來的阿梅

老實說，在阿梅嘗試根據這五點改變自己的過程中，她的旅程並非一帆風順。每一步前進都是天人交戰，讓她不止一次質疑自己的決定。而其實，每一個人都可能經歷這些「現實世界裡的改變」。

例如：當她試圖重新拿起畫筆，專注於自己的興趣時，她發現自己的創作靈感不如從前，畫布上反映的是她內心的迷茫。

於是，她開始設定小目標，比如每天至少畫十分鐘，逐漸恢復畫畫的習慣。當 John 打電話或傳訊息來時，她也慢慢能解釋，她需要這個時間來追求自己的興趣。無奈的是，這讓關係產生了許多衝突，但也從一次又一次的衝突中，她終於看見這段關係對自己有多麼傷。

在重新評估時間分配時，她試圖減少與 John 的相處時間，卻發現自己在沒有 John 陪伴的日子裡，經常感到孤單和不安，這種依賴感讓她的決心一再動搖。每當她決定堅持自己的安排，John 的不滿和質疑又會讓她感到內疚，好像自己正在做一件錯的事一樣。

後來，朋友介紹她使用一個時間管理的 App，透過行事曆來規劃和記錄自己的日常活動。她發現，即使是只減少一小時與 John 相處的時間，也能給她帶來更多的「內心的平安感」。一段時間之後，她開始有自信「部分拒絕」了，在 John 提出要求時，她也慢慢練習「提出替代方案」，比如建議其他時間或活動，以便保持自己的時間安排不被打亂。

尋找能讓自己更像自己的人，這對她來說也是一個挑戰。她發現，長時間的關係模式使她與許多朋友疏遠，她不得不面對重新建立關係的艱難。

直到有一次，她畫畫時靈機一動，心想何不來辦個「孤獨畫室」的活動呢？於是她在社群發起邀請，原先不抱期待會有任何人來參加，沒想到，許多「社恐仔」對這種既能享受繪畫樂趣，又能在不強迫社交的環境中放鬆自己的活動表示興趣。

活動當天，她準備了畫具和一些簡單的茶點，並布置了一個舒適的空間，讓參與者可以自由地表達自己。她驚訝地發現，原來很多人都像她一樣，渴望連結又恐懼被束縛。她不僅重新搭起自己和大學社團朋友們的橋梁，也認識了一些新朋友。雖然與老朋友重逢的過程中仍有些許尷尬和不適，但她發現，透過共同的活動和興趣，她們之間的距離慢慢地拉近，也意識到，真正的友誼不會因為時間的流逝而淡化，只要找到合適的方式重新連結，那些曾經的美好回憶可以成為重建關係的基礎。

「孤獨畫室」的活動不僅幫助她重建舊有的友誼，也讓她認知到自己並不孤單。在這個過程中，她學會了如何在保持自我和與他人建立關係之間找到平衡，也重新找到了那份被關係沒收已久的自我價值和快樂。這次經歷對她來說是一次重要的轉變，她不但在藝術中找到了慰藉，也在新舊交織的人際網路中找到了屬於自己的位置。

在遠離讓自己感到焦慮的人時，她意識到讓她最焦慮的人其實就是John。這讓她非常掙扎，她該如何處理與她和他間的關係？每次嘗試設立界限時，她都必須面對John的反應，罪惡感與愧疚感又會再度湧現。

幸好，孤獨畫室的聚會讓他對自己開始有點信心，當John要求她放棄獨處時間時，她會堅定地解釋為什麼她需要這段時間，並提醒他尊重她的選擇。John一開始當然很不習慣，可是隨著時間，他也開始慢慢妥協。

在尋找安全感的過程中，阿梅發現，真正讓她感到安全和平靜的時刻，是在她獨自面對內心時。但是，這種內心對話並不總是舒服，她必須面對許多被壓抑的情緒和未解決的問題，常常為此暗自掉淚。

在一次偶然的機會中，她從網路上看到冥想和陰瑜伽（Yin Yoga）的影片，半信半疑地跟著做，一點一點建立起和自己內在焦慮相處的習慣。現在，她大概一週會跟著影片做這些練習二至三次，在呼吸中安頓自己。

「現實世界裡的改變」不是一蹴而就的，而是一個漫長且充滿掙扎的過程。改變雖然困難，但並非不可能。只要堅持做一點點，那一點點就會帶來回饋，讓你找到關係外的自己，依然美麗如昔。

試著做個幾天，或許你也能拾獲改變的電源，轉化那些一直以來讓你糾結的「沒收自我」的關係。

第4章

「自囚受害者」現象——為何我總是放不下？

不論是依賴陷阱，或者沒收自我的關係，它們其實都是一種「共依存關係」（Codependency）[15]。在這樣的關係中，一方通常扮演拯救者的角色，不斷地照顧和解決另一方的問題，而另一方則扮演依靠者，依賴於拯救者的支持和幫助。

這種關係模式可能表面上看起來是出於愛和關懷，但實際上它可能限制了雙方的個人成長和自主性，導致彼此之間的健康界限模糊不清。長期下來，依靠者可能會出

15 Cullen, J., & Carr, A. (1999). Codependency: An empirical study from a systemic perspective. Contemporary Family Therapy, 21, 505-526.

現所謂的「自囚受害者」現象（Self-Incarcerated Victims），把自己推進負面的漩渦裡，不可自拔。

「自囚受害者」指的是某些我們在面對創傷或壓迫的情境時，可能會發展出一種自我限制的心理狀態，使我們無形中困於一種受害者的身分認同之中。

這種現象成因複雜，包括過去的創傷經歷、持續的壓迫感受、自我效能感的缺乏，或是周遭環境的負面回饋等。在這種狀態下，當事人可能會感到無力改變自己的處境，逐漸接受並內化成為一名受害者的角色。常見的症狀包含：

- **無助與絕望感**：無法改變自己的處境，對於未來感到絕望，認為任何努力都是徒勞無功。
- **低自我價值**：對自己的價值和能力產生懷疑，採取行動改變現狀的意願也隨之降低。
- **自我苛責**：即使困境可能源於外在因素，仍會將責任內化，對自己進行嚴厲的自我批評，認為是自己的不足導致發生不幸。
- **出口行為**：為了避免面對困難或痛苦的感覺，會採取消極的逃避行為作為出口，如逃避式睡眠[16]、沉迷於虛擬世界、濫用藥物或酒精等。
- **社交孤立**：因為感到羞愧、無助或被誤解，會避免與他人交流，導致社交活動的減少和人際關係的疏遠，進一步加劇孤立感。

所有人際關係的困擾，都是源自於年幼時和重要他人的依附關係。一個人之所以會進入共依存關係，甚至進一步成為自囚的受害者，常常是一種原生家庭關係的再現，常見的情況有二：

一、**過度保護**：在一個過度保護的家庭環境中長大的孩子，常常會習慣於依賴他人的幫助和指導，在成年後缺乏解決問題的獨立能力。這樣的人可能會尋找一個能夠提供持續支持和照顧的伴侶，形成一種共依存的關係。在這樣的關係中，他們可能扮演較為依賴的角色，而對方則扮演拯救者的角色。

二、**過度忽視**：如果一個孩子在原生家庭中經歷了情感上的忽視或拒絕，他們可能會發展出一種「過度努力」[17]的應對機制，並在成年後尋求控制或影響他人的關

16—指明明不睏，卻硬睡。〈只想整天廢在床上，逃避式睡眠是什麼？當床鋪成為一種自我脫逃〉，海苔熊，Womany女人迷（https://womany.net/read/article/32657）。

17—《過度努力》，周慕姿著，寶瓶文化出版。

係，以確保自己不會再次遭受拒絕或被忽視。他們可能會在共依存關係中扮演拯救者的角色，不斷地試圖滿足對方的需求，以獲得愛和認可，藉此重現並試圖「修復」童年時未得到滿足的情感需求。這個方法對拯救者而言，是兩個願望一次滿足，一方面透過照顧對方、關心對方，拯救者終於感覺到，小時候被忽視、虧待的自己，獲得了細細呵護；另一方面，又可以讓他們避免面對自己的需求和脆弱性。然而，這種策略長期來看其實是悲劇，會導致拯救者過度耗盡自己，因為他們不斷地將精力和資源投入到對方身上。

這兩種關係動力都可能會加深共依存的模式，使得雙方都難以實現真正的自我實現和個人獨立。長期處於這種不平衡的給予和接受關係中，可能會導致情感上的失衡和關係的惡化。

自囚受害者的循環

Cindy 從小在一個嚴格控制的家庭環境中長大。她的爸爸是醫生、媽媽是會計師，總是對她的學業和生活有著極高的期望。從小，她就被灌輸了一個觀念：只有成為最優秀的小孩，才能得到認可和愛。

在 Cindy 九歲那年。她參加了奧林匹亞數學競賽，儘管她努力準備，最終卻只獲得了第三名。當她興奮地帶著獎狀回家，想要和爸媽分享這份開心時，爸媽卻沒有表現出預期中的誇獎，相反的，他們對「第三名」很失望，質問 Cindy 為什麼沒有拿到第一名，要她加倍努力。

這件事對 Cindy 產生了很大的影響。此去經年，她更加拚命，在學業和其他活動中力求表現，但無論成就多大，內心深處總感覺到不足和不安。

即使成年後，Cindy 在職場上取得了不錯的成就，這種深植於內心的受害者心態仍然影響著她的自我價值感和人際關係。在面對挑戰和壓力時，她經常選擇逃避或自我責備，透過這種方式，她終於可以自我驗證「自己果然是個糟糕的人」，但同時，她又不放棄努力，於是，她就一邊努力，一邊覺得自己很糟。

Cindy 其實就是一個「自囚受害者」，把自己困在過往原生家庭給自己帶來的牢籠當中，無法自拔。從小長期的高壓和批評讓她學會了壓抑自己的情感和需求，不斷地迎合父母的期望，以避免受到責罵或拒絕。這種從小培養出來的應對機制，讓她在成年後雖然表面看似成功，內心卻充滿了不安和自我懷疑，始終覺得自己做得不夠好，對自己的成就難以感到滿足。

在人際關係上，Cindy 的行為模式深受其原生家庭經歷的影響。她過度追求他人的認可和接受，討好他人以避免被拒絕或批評。這不但耗盡了她的精力，也讓她忽略了自己的真實需求和感受。

當遇到衝突或壓力時，她也傾向逃避或自我責備，而不是勇敢面對問題，積極尋找解決辦法。這種模式使她陷入了一種自我限制的循環，難以打破。

你還有機會改變

不知道你有沒有發現，幾乎所有的行為模式都會自己成為一個封閉的循環，在這個循環當中，當事人一方面覺得痛苦，另一方面，這種痛苦又帶來某種程度的「酬賞」，長期下來，就會陷入「渴望改變，但又害怕改變」的狀態中，甚至因無力感的累積，進入了自我放棄的階段，覺得反正自己就這樣了，不如爛下去吧。

如果你和 Cindy 有類似的症狀，我想要送你一句話：「**你不是不夠好，你只是還沒有做到。**」關鍵在於「還」，當你對自己說不是做不到，而是還沒有做到的時候，這樣的自我對話就能給自己一個空間、一點溫柔，而這一點點的空間和溫柔，就能成為你自我成長的一塊肥沃土壤。

史丹佛大學心理學教授卡蘿・杜維克（Carol S. Dweck）把這樣的概念稱為「成長心態」（Growth Mindset）[18]。具有「成長心態」的人相信他們的能力和智力可以透過努力、學習和持續挑戰來發展和增強。當你相信自己還有能力改變的時候，你對生命和未來的看法也會有所不同，眼光就會從很小的、很窄的、很鑽牛角尖的地方，慢慢拉遠、拉大，看到更多的可能性。

與「成長心態」相對的是「固定心態」（Fixed Mindset），抱有這種心態的人相信他們的能力、智力和才能是固定不變的特質，且無法透過努力來改變。他們傾向於避免挑戰，害怕失敗，因為在他們看來，失敗意味著對自我能力的直接否定。

相反的，如果能把挑戰看作成長的機會，對失敗持開放態度，將其視為學習和進步的重要一環。這種成長心態鼓勵我們積極面對困難，不斷尋求發展和自我超越。

後續的研究指出，成長心態也與多種正面的學習和人生成就相關，包括：

- 更高的學習動機
- 更良好的學業表現

18 Dweck, C. S. (1986). Motivational processes affecting learning. American psychologist, 41(10), 1040.

●更強的韌性
●更持久的成功

換句話說，如果你能意識到自己的心態並進行調整，相信自己是「還有機會改變」的，而不是「這輩子就這樣了」，光是這樣的信念，就足以讓你對於未來懷抱希望，並且願意多付出一些努力試試看。

我列出了五句有關成長心態的句子，提供你參考。你可以一邊讀一邊想像，這樣的人是如何看待自己的人生：

●雖然我現在處於這樣的困境中，但我相信這是一次學習和成長的機會。我可以從這次經歷中學到什麼，來避免未來再次陷入類似的情況？
●我可能無法控制別人對我的行為，但我可以控制自己的反應。我可以怎麼調整我的態度和行為，來面對這個情況？
●我知道自己需要幫助，並主動尋求支持。這是勇敢的行為，不是軟弱的表現。我知道誰可以在這個時候指導我或支持我嗎？
●每個人都會經歷失敗，這是成長過程中不可或缺的一部分。我從這次經歷中學到了什麼，這些教訓將如何幫助我在未來做得更好？

- 這不是我第一次遭遇到這樣的困難，過去也遇過類似的狀況，當時的我是怎麼度過的？

這幾個句子關注的點看似不同，但是實際上都遵循著一個同樣的概念：接納目前的現狀，相信自己的能力，在這樣的情況下去思索「讓自己活下來」的方法，除了從自己身上反省和調整之外，也可以尋求其他人的幫忙，或是社會支持。

從受害者中脫困

回到「自囚受害者」現象，當你知道成長心態的概念之後，你可以想像一個擁有成長心態的人，他是如何思索自己「目前是個受害者」這件事。他可能一方面知道自己的有限，另一方面也知道在這些有限底下，自己還有哪些可以做到的事情。

困境依然存在，但不會因為困境本身就阻擋了自己前進的可能。在下表中，我列出了 Cindy 的症狀、困境，以及她如何解決的實例。你可以一邊讀一邊對照自己，想想如果你是她，這些方法對你來說是否有幫助。

五大症狀	Cindy 的困境	實例
無助感和絕望感	面對高壓的環境和不斷增加的責任，不管怎麼努力，都無法達到自己或上司的期望。這種持續的壓力和失敗感讓她覺得自己無法改變現狀，對於職業發展和個人生活的未來感到絕望。	開始記錄每天的小成就，無論多麼微小，比如完成工作任務、進行一次健康的對話或是解決一個小問題。這可以幫助她看到自己確實有能力帶來改變，逐步減少無助和絕望感。
低自我價值	因為童年數學比賽的經驗，就算她在職場上取得了一定的成就，她對自己的價值和能力仍然抱有懷疑。這種自我懷疑導致她在面對新挑戰時猶豫不決，缺乏採取行動、改變現狀的勇氣。	參加工作坊或課程來發展新技能。這不但能夠提升她的自我價值感，也有助於她在工作中感受到更多成就感，進一步增強自信。
自我苛責	每當她遇到工作中的失誤或人際關係的問題時，她總是第一個責備自己，認為是自己不好才搞砸。很少考慮外在因素的影響，不斷在內心自我批評。	發現自己陷入自我批評時，可以停下來，嘗試從一個外部觀察者的角度來看待當前的情況，問問自己：「我會對一位朋友這樣說嗎？」給自己一點緩衝與反思的空間。

出口行為	她是個十足的工作狂，幾乎把同事的工作都攬下來做，表面上看起來認真向上，但實際上是因為她無法忍受那個「什麼都不做」的自己。	設定「充電時間」。例如每天晚上七點到八點，在這段時間內，她不做任何與工作相關的事情，選擇閱讀、冥想、散步或進行其他有助於放鬆和自我反思的活動。
社交孤立	由於持續的自我懷疑和自我苛責，她在人際交往中變得愈來愈謹慎和封閉，害怕被他人評判和拒絕，因此逐漸減少社交活動，避免與同事朋友深交。	參加一些小組或社交活動，如讀書會、志工服務等，透過活動認識新朋友。新環境也提供一個分享和表達自己的安全空間，減少孤立感。

其實，把自己限縮在「受害者」的角色當中，會感受到「我就是值得這麼慘」的安穩感。這是一種「扭曲的安全感」（The Cognitive Distortion of Security），因為這樣的身分可以為自己的不幸和挫折提供一種解釋。**這般「我就是值得這麼慘」的思維模式，實際上是一種心理防衛機制，我們傾向透過這種方式，來避免面對更深層次的恐懼和不安全感**。

在這樣的心理機制下，我們可能會認為，自己因某些固有的缺陷而「值得」遭受不幸，然後無意識地接受了這種受害者的身分。這種身分不僅減少了我們尋求改變的動力，也讓我們在一定程度上避掉解決問題所需的心理壓力。要打破這種模式，一個重要的信念是——**你的存在並不只是源於過去的受害經歷，也來自於你一直以來的信念與努力。**

心靈想像

在這章最後，我想提供幾個「心靈想像」的方法。這是難以跨出一步的你，也能嘗試前進的開端。每一個想像都是一把鑰匙，在你把自己困於思緒當中時，一個靈光一閃的畫面，能夠陪你一起欣賞生命中的美景。

◆——將困境視為探險

想像自己是一名探險家，當前的困境是一片未知的土地。這片土地充滿了未知和挑戰，但同時也藏著無數的寶藏和學習機會。問自己，我在這次探險中希望發現什麼？我可以如何利用這些發現來豐富我的人生經歷？

◆搞一個「失敗博物館」

你可以把過去挫折的經驗整理起來，例如奧林匹亞競賽的成績單、做壞的陶土作品、煮失敗的地獄料理照片等，一字排開，把「失敗」看作是寶貴的展品，每一件都有其獨特的故事和學習點。透過這個方式，重新評價這些經歷的價值，從中尋找成長的種子。

◆設計一個「成長遊戲」

為自己設定不同的「關卡」和「挑戰」。每完成一個關卡，就給自己一些獎勵。這可以將成長過程變得更加有趣，也能更清晰地看到自己的進步。例如：

關卡（列出你想改變的項目）	**挑戰**（先從簡單的小事開始）	**獎勵**（改成吸引你的東西）
關卡一：自我認知	每天撥出五分鐘進行日記寫作，記錄當天的情緒、思考以及學習。	大布丁一顆
關卡二：情緒管理	實踐放鬆技巧，如深呼吸、瑜伽或冥想，每天堅持十分鐘。	看一場電影

關卡三：溝通技巧	與一位同事或朋友進行至少一次深入的對話，主動分享自我，也聆聽對方。	幾天的小旅行
關卡四：拓展興趣	嘗試一個興趣或嗜好，如插花、攀岩或學習一種新語言。	參加與這個興趣相關的活動，如插花比賽
關卡五：建立界限	學習說「不」，每當感到某項工作或請求超出自己能力範圍時，婉轉地拒絕。	拒絕成功，給自己一次按摩或SPA

有些人會覺得這種自我獎勵的方式很「刻意」，畢竟這些獎勵平時沒達成也可以做，為什麼要安排成一種犒賞呢？其實，犒賞的關鍵在於「感受」這個獎賞給自己帶來的感覺。例如：當你吃一顆大布丁的時候，你可以一邊想著這個星期自己是多麼花心思地為自己付出，才能品嘗到這顆大布丁。在這樣的基礎上，這顆大布丁就和以往的其他布丁有所不同，是一個你奮戰過的功勳與證明。

還有一些人會覺得「自己不值得」獲得這些獎勵，例如我的朋友Emily曾有被虐待的經歷，當創傷又被激發時，她會蜷縮全身在地板上，覺得自己「不值得躺在床上」。不過，當她操作這個自我獎勵機制一段時間，從每一次「服用」獎勵的過程中，看到自己原來是值得被愛與被珍惜的，就有可能一點一滴累積那些「值得」的感受。

◆—建立一個「心態轉換站」

每當遇到挫折或負面情緒時，想像自己走進一個「心態轉換站」，這可以是一個你精心布置的場所或地點，在這裡，你可以將負面情緒和固定心態「卸下」，並「穿上」成長心態。

例如：Cindy 可以選擇她家中一個光線柔和、安靜的角落，在這裡放置一張舒適的椅子、一盞溫暖的檯燈，以及一些她喜愛的書籍和一盆小植物。這個空間不需要很大，但需要讓她感到放鬆和安心。每當遇到挫折或負面情緒時，就可以走進這個「心態轉換站」，在這裡進行深呼吸練習，靜靜地閱讀一段時間，或是寫日記來整理自己的思緒和情緒。

在這個世界上，每個人都有可能在某個時刻，無意間走進了自我設限的牢籠當中。或許我們曾在原生家庭的影響下，學會了用一種特定的方式來看待自己和周遭的世界。這樣的視角，有時候會讓我們誤以為身處困境、感受痛苦，似乎是我們命中注定的事情。但其實，這只是自己給自己的一道枷鎖。這個牢籠讓我們看不清楚自己的真實模樣，只能在別人的期待中尋找自我。

儘管如此，你還是可以透過前面提過的策略，為自己的心靈描繪出一片新的天空。在心靈畫布上，勇敢地揮灑出屬於自己的色彩。當我們學會以溫柔和包容的心，去接納曾經受傷的自己，拋開舊有的枷鎖，迎接新的挑戰，我們將會發現，生命中的每一次跌倒，都不會真的把我們打倒！

輕輕對自己說：「我值得擁有更好的。」讓這句話成為你的指南針，引領你走出靈魂的暗夜，走向那片屬於自己的星空。在這片星空下，那些過往的黑洞不會消失，於此同時，每一顆星辰也都不會消失，它們都閃耀著屬於你的光芒，等待著你去探索、去發現。

第5章

不穩定的高自尊——關係中的權力感受覺察

Mark是一名經驗豐富的市場部經理，一直以來，他總是靠主管的回饋來確認自己的工作價值。在一次年度產品推廣活動中，Mark投入了大量心血，他希望自己能被主管看見。

由於公司當時還有另外一個重大的活動在進行，主管自己也很忙，未能及時給予Mark回饋。當天活動結束後，Mark自己一個人一邊收拾現場，一邊怨嘆自己的努力像是白費。同事們紛紛去慶功，只有Mark悶著頭，說要早點回家陪妻子小孩，實際上，他是去自己常去的居酒屋獨酌。

三杯黃湯下肚，那些一直以來被壓抑在Mark內心深處的自我懷疑聲音，又紛紛湧現。

「我真的做得夠好嗎？」
「也許我根本沒有我想像中的那麼有能力。」
「為什麼別人的努力總是被看見，而我的卻被忽略？」
「是不是我做的還不夠？」
「如果連這次我都沒有得到認可，那我在這家公司的未來又有什麼希望呢？」

看完 Mark 的故事，不知道你有什麼感覺？

依賴陷阱的核心問題在於其「不確定性」。當一個人的自尊心建立在他人或外在成就上時，他們的情緒和自我價值感便會隨著外界因素的變化而波動。這種依賴性讓人處於一個不穩定的狀態，因為外部條件是難以完全控制的。而 Mark 很明顯是將自尊心建立在主管的稱讚上。

條件性自尊

想像你的自尊心像是一棵植物。當你根據自己的成就、外表或他人的評價來灌溉它時，這棵植物就會在這些條件下生長，這就是所謂的「條件性自尊」（Contingent

Self-Esteem）[19]。

例如：如果你考試考好，就會爽歪歪；如果成績不理想，可會感到自卑或是不開心。這種自尊心的特點是它會隨著外在情況的變化而波動，就像天氣影響了植物的生長一樣。

我們的自尊是從什麼時候開始建立的呢？一般來說，在青少年時期，這種自尊心特別容易受到影響。在這階段中，自我意識逐漸變得明顯，但又對他人的反應相當敏感。這個時期的挑戰和變化，比如身分的探索、人際關係的變化，都可能讓青少年的自尊心更依賴於這些外在條件。

這並不是一件壞事。重要的是要認識到這種模式，並學會如何養護自己的「內在花園」——建立一種更穩定、不「那麼」依賴外部條件的自尊心。這就像是學會欣賞植物本身的美，而不只是欣賞它開花的時刻。

19 Knee, C. R., Canevello, A., Bush, A. L., & Cook, A. (2008). Relationship-contingent self-esteem and the ups and downs of romantic relationships. Journal of personality and social psychology, 95(3), 608.

依賴外在動機的陷阱

「條件性自尊」又稱為「不穩定的自尊」，指的是一個人的心情就像是衝浪一樣，隨著外在的海浪起起伏伏，依賴於自己是否有達到特定的標準或期望，例如自己的表現好不好、是否得到他人蓋章通過等。這種自尊感的特點是，它會隨著不同事件的發生而波動，去追求「與成功相關」的正面感受，並避免「與失敗相關」的負面感受。

以 Mark 來說，在一場重要的簡報會議上，如果獲得了主管的高度評價，他的自尊心可能會瞬間飆升，感到非常滿足和自信。而如果他的提案被批評，那麼他的自尊心就可能急劇下降，感到沮喪和自我懷疑。這種依賴外部認可的自尊感，讓 Mark 的情緒和自我價值感猶如雲霄飛車一般，上上下下，難以維持內心的穩定和平靜。

我們在第1章提過，依賴陷阱的三大要素是「等、靠、要」，Mark 在這個狀況中，是「等」待主管給的正面回饋，「靠」他人的鼓勵與支持來維繫自尊，以及透過不斷的外部認可來「要」求自己達到更高的標準，也「要」別人給自己回饋。

最後一個「要」，表面上看來是一種自我要求，實際上卻是「要主管的看見」。Mark 的努力並不是源自於內在動機（Intrinsic Motivation），而是來自於外在動機（Extrinsic Motivation）。[20]例如得到主管的讚許、大家的目光，甚至是為了逃避「自己很廢」、「自己一無是處」的焦慮。

要跳脫出條件性自尊的束縛，其中一個重要的關鍵是：**感受與覺察關係中的權力位階**。

空拍機想像

想一想，在你過去的人際關係當中，有沒有哪些是相處時會倍感壓力的對象？或是當你走在他身旁，你會有很明顯「一高一低」的感受？你會覺得自己好像矮他一截，需要像小狗一樣搖尾巴討好，或是深怕自己做錯什麼會被罵、被評價，一失足成千古恨。

試著在腦袋裡面想像一個這樣的人，然後描繪出你與他相處時常見的畫面。例如下表：

20 Ryan, R. M., & Deci, E. L. (2000). Intrinsic and extrinsic motivations: Classic definitions and new directions. Contemporary educational psychology, 25(1), 54-67.

你想到的對象	描述
他是誰？	國中老師
他的個性是？	一絲不苟、非常嚴肅、奉行法家思想、賞罰分明、習慣性貶低學生
他穿著什麼服裝？	襯衫扣到最上方第一顆扣子、酒紅色背心毛衣、沒有皺紋的西裝褲、萬年不變黑皮鞋、手上拿著一支「身經百戰」的藤條
他的口頭禪是？	「已經教過多少遍了？」「你是豬嗎？」「今天沒寫完不准回家！」「少一分打一下！」「你爸媽生你這種腦袋，難道他們不覺得羞愧嗎？你不覺得羞恥嗎？」
我在他身旁看起來像？	像一個總是犯錯的學生，無論多努力總是達不到他的標準，緊張而不安地站立，深怕下一秒就會成為被指責的對象。
我的感受如何？	心裡充滿了壓力和恐懼，覺得自己無論做什麼都無法滿足他的要求，害怕說任何一句話都可能引來更多的批評和貶低。
我內心的渴望是？	希望能夠被理解和尊重，渴望一個鼓勵和正面的學習環境，不是透過恐懼，而是透過鼓勵來激發潛力。

這個想像有三個重要的目的：

第一，透過這樣的想像，你可以更清楚知道那些勾動你的人可能長什麼模樣，有助於你辨識在生活中那一個又一個的「國中老師」，這也意味著，下次當你再聽到類似的口頭禪、語句，再看到類似的穿著打扮、氛圍，就可以避免自己再度掉入陷阱中，被對方的一舉一動、一言一行牽著走。

第二，有時候你會發現，那個勾動你的並不是一個真正的「人」，而是過往經驗在你心中形成的「內在劇本」或「自我內言」[21]。你會用這個「國中老師」說話的語氣對自己說話，透過自我貶低來證明自己不夠好，甚至開始懷疑自己存在這世界上的價值。當你的思緒走到這裡時，也就走入了漩渦的中心，不斷地把自己往深淵和陷阱中拉進去。所以，辨識這個內在聲音，是游出漩渦的第一步。

最後，這個想像最重要的一點是問問自己，內心真正渴望的是什麼？當你將渴望擺在眼前，就能逐漸清楚那些過去你在毒性關係中所被虧待的是什麼，以及未來你想要怎麼樣的人際關係。

21 Lange, A., Richard, R., Kiestra, J., & van Oostendorp, E. (1997). Cognitive treatment through positive self-verbalization: A multiple case study. Behavioural and Cognitive Psychotherapy, 25(2), 161-171.

人往往在不知不覺當中，渾渾噩噩地活過每一天，這個覺察就像一架空拍機，退一步拍到你的過去、現在和未來，讓你可以用更寬廣的視角來看待自己。請記得隨身攜帶這架空拍機，把這三個問題放在心裡：

- 眼前的畫面，讓我想起了以前和誰相處時的經驗？
- 眼前的畫面，讓我心中出現了哪些聲音？
- 以後，我真正想要的是什麼？

練習篇

相遇之前你是誰？

你並不是一出生就墜入依賴陷阱中的，所以有一個有效的「脫困」練習，就是回想你在遇見某個對你產生重大影響的人之前，自己是怎樣的一個人？比如，你可以思考在遇到某位影響深遠的朋友、伴侶或是人生導師之前，自己喜歡做哪些活動，有哪些愛好和興趣是純粹出於自己的喜好，而不是為了討好他人或符合某種形象。

你可以寫下這些活動和愛好，並且在未來的日子裡試著重新投入其中，找回那個更獨立、更真實的自我。

以第3章的阿梅、第5章Mark的故事來說，他們都可以進行「相遇之前你是誰？」的自我練習，回想成為某人的伴侶，或在極力尋求主管認可之前，自己是如何度過時間的，哪些活動和愛好能帶給他們純粹的快樂。

比如，阿梅想起了她對於繪畫的熱愛（請參第3章），Mark或許會想起他曾熱愛攝影，喜歡在週末時光探索城市的隱藏角落，捕捉生活中獨特的瞬間，試著從中找到不依賴工作成就或他人評價的自我，增強內在的自尊和自信。

我也試著利用史蒂芬．海斯（Steven C. Hayes）於一九八六年提出的「承諾與接納療法」（Acceptance and Commitment Therapy，簡稱ＡＣＴ）[22]來說明這個方法的具體步驟：

一、**聯結當下（Being Present）**：首先，讓自己完全沉浸在當下的經驗中。透過深呼吸、正念冥想或正念步行等方式，幫助自己專注於當下的感受和環境，減少對過去或未來的過度關注。

二、**認知脫鉤（Cognitive Defusion）**：接下來，對於那些關於自己「應該」如何，或「如果沒有遇到某人，我會怎樣」之類的想法，進行認知分離練習。這意味著學會觀察這些想法，而不是與它融為一體，或把它當成事實。把它當成過客，給它取一些有趣的名字，來幫助自己從中抽離。

三、**價值明確化（Values Clarification）**：深入思考，並確定自己的核心價值觀是什麼。回想在重要他人出現在你生活之前，你是如何定義自己的快樂、成功和滿足感。確定哪些活動、愛好或生活方式與你深層的價值觀相契合，並記錄下來。

四、接納（Acceptance）：學會接納過去的自己，包括那個可能因外界影響而改變了自我方向的自己。承認每一段經歷，無論是好是壞，都是自己成長的一部分，這種接納可以幫助釋放對過去的執著和自我批評。

五、自我觀察（Self as Context）：從一個更廣闊的視角看待自己的經歷和成長。想像自己是一位觀察者，從外面看待自己的生活和變化，這有助於理解自己的行為模式和決策背後的深層原因（請參第5章「空拍機想像」）。

六、承諾行動（Committed Action）：基於前面確定的價值觀，設定一些小目標或行動計畫，逐步重新參與那些曾經帶給你快樂和滿足感的活動。假設自己曾經熱愛攝影，那就設定一個目標，比如每週拍攝一次，並將其納入你的日常生活中。

在匆忙的生活中停下腳步，回望源頭，那裡有我們純粹的喜悅和未經雕琢的

22 | Hayes, S. C., Luoma, J. B., Bond, F. W., Masuda, A., & Lillis, J. (2006). Acceptance and commitment therapy: Model, processes and outcomes. Behaviour research and therapy, 44(1), 1-25.

夢想。因此，當你感到迷茫或失落時，試著回到那個問題：「在遇見他之前，我是誰？」

或許你會找到一盞燈，照亮你前行的道路，讓你的腳步更加堅定，心靈更加自由。看見自己在被依賴陷阱束縛以前，一樣擁有你自己的人生、你自己的夢想，還有你期待前往的地方，你不會因為他的存在與否，就增減了你的自我價值，也不會因為別人的稱讚或忽視，就動搖了原先存在的意義。因為你本來就是完整的，完整而美好。

PART

2

你的逃離裡，有你的恐懼

這些你刻意視而不見的東西，
其實仍然留在你的腦袋裡，
心裡經常還是會記掛著、擔憂著，
長期下來，成了一種「自我內耗」。

第6章

被拒絕的恐懼

什麼是「恐懼」（Fear）？

你可以稍微調整一下姿勢，做幾次深呼吸，讀完接下來這幾個問題後，閉上眼睛思索這些問題的答案（如果記不得這麼多，也可以一次想一個問題）。

- 如果各列出一個會讓你恐懼的人、事、物，那分別是什麼？
- 當你想到這些人、事、物，心裡有什麼感受？
- 這三者（某人、某事、某物）的共通點是什麼？
- 做完這個問答之後，你對自己有什麼更近一步的了解？

其實，恐懼是一種強烈的情緒反應，通常是對於真實或想像中的威脅、危險或痛苦的自然反射。從生物學和心理學的角度來看，恐懼是一種基本的生存機制，它使我們能夠迅速應變，以避免傷害或減少損失。恐懼可以是具體且直接的，比如對於高處、昆蟲或黑暗的恐懼，也可以是抽象且間接的，如對於失敗、拒絕或未知的恐懼。

在心理學上，恐懼不僅是一種瞬間的情緒體驗，它還涉及到認知評估（Cognitive Assessment）、生理喚起（Physiological Arousal）和行為改變（Behavior Change）。當我們感受到恐懼時，大腦會迅速評估威脅的性質和嚴重程度，身體則會作出一系列反應，如心跳加快、肌肉緊張、汗水增加等，以準備「戰」（Fight）、「停」（Flight）、「逃」（Frozen）——直接面對、愣在那裡，或夾著尾巴逃跑。

換言之，你的憤恨不平、解離失憶，自我逃避與尷尬傻笑裡，都有你的恐懼。

我認為，在我們「注重和諧、害怕衝突」的文化中，「逃避」似乎是常出現的一種應對方式。當我們試圖逃避某些情況、人物或是內在的感受時，其實是反映了自己內心的恐懼和不安——因為害怕所以逃跑、因為恐懼所以躲藏、轉身不敢面對、閉起眼睛不想看，但這些你刻意視而不見的東西，其實仍然留在你的腦袋裡，心裡經常還是會記掛著、擔憂著，長期下來，成了一種「自我內耗」（Self-Inflicted）。

我們會透過逃避來避免面對引起痛苦、恐懼或不適的情緒和思緒。這種逃避可以是實體的，如避開某些人或場合；也可以是心理上的，如壓抑不愉快的記憶或拒絕接受現實。一個人的逃避行為也受到社會環境和文化背景的影響，例如：在重視和諧與

「面子文化」[23]的社會中，我們可能會選擇家醜不外揚、大事化小、息事寧人等。這種行為其實是一種「防衛機轉」（Defense Mechanism）[24]。

不過，既然是防衛機轉，就代表它有存在的意義與目的，最主要的「功能」，就是幫助我們暫時減少情緒的不適，維持內心的穩定和自我認同的一致性，例如：

- **減輕心理壓力**：當面對情緒上難以承受的情況，例如難堪、愧疚、懊悔，它能夠幫助我們減少焦慮和壓力，維持心理的平衡。
- **保護自我**：透過避免直視傷害性的訊息或情緒，它能夠保護我們的自我意識和自尊，避免自我形象受損。
- **衝突解決**：當內在的衝突或外界的壓力超過我們的處理能力時，它可以作為一種暫時的解決方式，讓我們獲得時間和空間來適應當下狀況。
- **情緒調節**：它有助於調節情緒反應，使我們能夠在適當的時候以適當的方式表達情緒，維護社會關係的和諧——即使只是表面和諧。

在依賴陷阱當中，有一種恐懼其實會隱藏在逃避裡頭，它一方面是一種防衛機轉，另一方面又是一種包裝在「為對方著想」糖果紙中的刺，若不仔細留意，可能會不斷地用過往我們所熟知的慣性「重蹈覆轍」而不自知。

它就是「被拒絕的恐懼」。

被拒絕的恐懼，哪裡來？

Betty 和 Alex 是一對開放式關係的實踐者，Betty 雖然僅是 Alex 多重關係中的一個伴侶，但彼此間保持著深刻的情感連結，同時也尊重對方與其他人建立關係的自由。

最近，Betty 在生活中遇到了一些麻煩的事情，心情不是很穩定，非常需要 Alex 的支持和安慰。

其實，Betty 猶豫是否應該向 Alex 表達自己的需求，但也擔心自己的需求會成為 Alex 的額外負擔。然而，經過一番內心的掙扎，Betty 最終還是決定向 Alex 坦

23｜Hwang, Kwang-kuo. "Face and favor: The Chinese power game." American journal of Sociology 92.4 (1987): 944-974.

24｜心理防衛機轉是人們在無意識中使用的一系列心理策略，目的是為了保護自己免受不愉快的情緒、衝突或壓力影響。這個概念最早由佛洛伊德（Sigmund Freud）提出，後來被其他心理學家進一步發展和細緻化。常見的心理防衛機轉包括壓抑、否認、合理化、投射、轉移、退行、昇華、反向作用等。

白自己的處境，希望能夠得到他的理解和支持。

當 Betty 小心翼翼地提出自己的需求時，Alex 卻對她說，由於他目前在另外一段關係中也面臨壓力，實在很難分出更多的精力來關照 Betty 的情感需求。這讓 Betty 感到失落和沮喪，也讓她開始質疑自己的決定：「明明知道 Alex 已經身心疲憊，我為什麼還要提出這樣的要求呢？」

這種自我質疑很快轉化為自我責備。Betty 開始覺得自己很自私，只考慮到自己的需求，忽略了 Alex 的處境。她反思自己在開放式關係中的行為，感到非常愧疚，還對自己說：「你怎麼這麼不體諒他人？你怎麼只關心自己的感受？」

此後，每當 Betty 有想說的話、想表達的感受，她就會感到猶豫、恐懼。一開始，她以為這種恐懼源於之前遭拒絕、擔心自己成為他人負擔的經驗。但她慢慢發現，她的恐懼，其實與小時候和媽媽之間的依附有關。

小時候，Betty 的媽媽經常忙於工作，很少有時間和精力回應 Betty 的情感需求。當 Betty 試圖尋求關注和安慰時，經常被忽略或被告知：「現在媽媽很忙，沒有時間。」

這種經歷讓 Betty 逐漸學會了壓抑自己的情感需求，以免遭遇拒絕和失望。她開始相信，表達需求只會給他人帶來負擔，因此最好是獨自承受。由此觀之，她在表達需求的謹慎，以及自我質疑，彷彿有了另一層的意義……

在前面這個故事中，Betty 所經歷的就是一種「被拒絕的恐懼」（Fear of Rejection，簡稱ＦＯＲ）。她心中常常會出現過往母親對自己責備、貶低的話：「你永遠都只為自己想，都不顧別人，你不知道我為你犧牲多少嗎？你難道就不能多體諒我一點嗎？」長期下來，可能會培養出一種「高拒絕敏感度」（High Rejection Sensitivity）[25]的特質，一方面害怕被拒絕，另一方面又渴望被接納，所以每次表達需求之前，都會思索再三。這除了讓兩個人的溝通變得不流暢，也經常陷入前面所謂的自我內耗情況。

我特別喜歡「被拒絕的恐懼」這個詞的英文縮寫「ＦＯＲ」，表面上看起來是在「為」（For）別人著想，但實際上還是聚焦在自己的擔憂與害怕上面。

當 Betty 左思右想，終於熬出了一句話來詢問 Alex 意願的時候，不論她用詞多麼謹慎小心，講話多麼注重邏輯，由於腦袋裡的認知資源還要「分給」內心的擔憂、焦慮，以至於她說話的語氣、聲調與氣場，都可能傳遞出一種不確定、「害怕不好的事情會發生」的感覺。對方一定也能夠感受到這些情緒，可想而知，這些負面情緒就會在兩人之間傳遞、蔓延開來。

25 Downey, G., & Feldman, S. I. (1996). Implications of rejection sensitivity for intimate relationships. Journal of personality and social psychology, 70(6), 1327.

發現了嗎？重要的並不是 Betty 說了什麼（內容），而是在他們倆對話之間發生了什麼（情緒、互動），這是無論 Betty 在事前腦袋裡面演練了多少次，都無法減少的溝通誤差。

如果你也有類似的經驗，第一步驟可以先按下暫停，並且思考：「我這樣的想法，是真的嗎？」如果再仔細拆解這句話，可以變成這幾個問題：

- 我觀察到他似乎精疲力竭，這是真的嗎？
- 我覺得他沒有想要理我，這是真的嗎？
- 他的拒絕，真的是「我想像的」拒絕嗎？
- 我的判斷力真的失準嗎？
- 我真的是一個「不替他人著想、只顧著索求」的人嗎？

當你想到最後一個問題的時候，就會發現，其實你已經開始自相矛盾了。Betty 正是因為替對方著想，所以才會猶豫再三後提出請求（而非一開始就直接說出口）。

比較平衡的說法是，Betty 一方面考慮了對方的狀況，另一方面也衡量了自己內在的情緒，將兩者放在天秤上時，發現如果自己再不講可能會爆炸，進而影響到兩個人的關係，所以才會選擇說出口。光是想到這裡，至少就可以察覺：Betty 不是一個判斷力失準的人，她並非只為自己著想。

這裡採用的是認知治療當中經常使用的「駁斥」的技巧，抽絲剝繭，將思緒和事件一一拆解，挑戰你的非理性信念，讓你發現「原來一直以來你都想錯了」。不過這種方式有一個操作上面的困難：有些時候你也知道自己想錯了，但仍會不知不覺按照自己想錯的方式來給自己難堪、讓自己難受，困在那個怎麼也想不通的死胡同裡面。主因其實是，你的認知雖然過去了，但情緒沒有過去。

於是，我想要討論一個「讓情緒過去」的關鍵方法，就是著眼在早期經驗。這也是許多心理師會採用的方式：**那些你過不去的結、放不下的事情，往往都不是眼前的事，而是過往卡在你記憶裡面的碎片**。

例如：在 Betty 的故事當中，她談到小時候與母親的關係，影響了她目前的親密關係，那麼，比較容易的切入點，就是直接追溯到她最早和母親之間相處時出現的「被拒絕經驗」。

原生家庭帶來的刻痕

Betty 來自單親家庭，她的母親身兼家庭經濟支柱和照顧者兩個角色，經常早出晚歸，即使在家，通常也只會問 Betty 吃飯了沒、功課做了沒。

早上出門前，母親會放一千元在冰箱旁邊的鐵盒裡，確保 Betty 一日三餐都有著落。這樣的零用錢額度，其實是遠高於身邊同學的，也因此，Betty 總是能有時髦的穿著、吃比較貴的東西，甚至很多時候還可以請客。

隨著時間推移，Betty 為了滿足母親的期望，努力學習並參與各種課外活動，這些都是她認為母親希望她做的事情。在 Betty 看來，這也是一種犧牲，因為她經常放棄自己真正感興趣的事物。

當 Betty 希望母親能支持她去法國念表演藝術時，沒想到，母親卻否定他的志向。這讓 Betty 感到失落和不被理解。同樣的，當 Betty 無法完全遵從母親的某些要求，例如下課直接回家、不要熬夜和同學聊天等，母親也感到自己過去所有的犧牲和奉獻都白費了……

在這個故事中，Betty 的母親覺得自己犧牲了青春與時間，女兒卻沒有把自己的犧牲奉獻放在心上。而當 Betty 也有一些需求，母親卻不想給，或母親對 Betty 有一些要求，但 Betty 沒有遵從時，母親同樣認為，自己的付出都是枉然。

為什麼同樣是提出需求被拒絕，卻會有兩種不同的解釋方式呢？當母親提出需求，被 Betty 拒絕時，母親會覺得是 Betty 太自私（指責對方），不能體諒過往她為

Betty 付出那麼多的辛苦。但當 Betty 提出需求被母親拒絕時，Betty 卻會覺得是自己太自私（指責自己），不能體諒過往她的辛苦。這當中或許有諸多原因，我整理出三個最關鍵的要素：

一、**歸因風格**[26]：有些人在遇到壞事的時候，傾向於認為是自己的錯（也就是所謂的「內歸因」），遇到好事的時候，卻認為功勞不在自己的身上（這屬於「外歸因」）。這種「我得來的都是運氣，我失去的都是不夠努力」的歸因方法有好有壞，但在人際關係當中，很容易顯得委屈，也常會陷入第4章談到的「自囚受害者」情境。

相反的，有些人在遇到壞事的時候，容易認為是別人的錯，遇到好事的時候，都說是自己的功勞，這樣的人通常有自我保護的跡象，但仔細往內剖析，就會發現這個自我保護的欲望，其實背後隱藏的是更深的恐懼和害怕，包含對於關係的不安、對於自己的不信任等。

26　歸因理論（Attribution Theory）探討人們如何解釋和推斷自己和他人的行為及其背後的原因，是用來解釋人們如何解釋自己和他人行為原因的一套理論。這個理論由心理學家海德（Fritz Heider）於一九五八年首先提出，後來由凱利（Harold Kelley）和維納（Bernard Weiner）等人進一步發展。

二、**兩人在關係中習慣扮演的角色（Relationship Role）**：這就是前一章提過的「關係當中的權力位置」。如果你在關係當中習慣扮演地位比較低的人，那麼就很容易認為對方做的是對的、他講的話都是為了你好、更加貶低自己在關係當中的位階。而當兩個人之間出現衝突、需求不一樣，或任何一方在生氣的時候，你可能就會認為自己是做錯事的那一方，開始採取內歸因。

相反的，如果好事發生、兩個人的關係前進，你也會因為覺得對方比較有經驗、走在你前面，把功勞給對方，認為是對方指導有方。

一般而言，對自己比較沒有自信、害怕自己講話沒有人要聽的人，通常會在表達和溝通上，處於比較劣勢的狀態，覺得自己不值得別人花時間、自己講的話不中聽、別人對自己講的內容完全沒有興趣等，有些時候甚至會有很長的沉默。他們讓對方來提問，但對方問了問題後，自己又回答得很簡短。有些人會認為這只是一種害羞，但這其實不只是害羞而已，而是源於「自己說的話是否會被在乎」的擔憂。

三、**對方回應的方式**：既然是一段關係，就不可能光靠一個人形成。前面談到的歸因是來自於當事人的個人特質，權力位階是兩個人互動下形成的內在感受，「回應方式」則是形塑或加強前兩者的重要關鍵。

比方說，你可能會發現自己在某段關係裡習慣扮演地位比較低的那個人，也習慣內歸因，但在其他關係中並不會自我責怪，反而會據理力爭、與對方對嗆起來，這就是對方與你互動的時候，他的話語撼動了你以往的行為習慣。

同樣的，就算你極度有自信、很少責怪自己，但當對方使用一些情緒勒索的句子，你也很可能掉入自責的陷阱當中。我們用A，B兩個人當作例子，來討論各種可能的應對路徑：

	B責怪自己	**B責怪對方**
A責怪自己	**自貶生自責** A：「我不是一個好媽媽，你愛怎麼樣就怎麼樣吧。」 B：「都是我的錯，我不該這樣對他……」	**自貶生反擊** A：「是我能力不夠，沒有辦法兼顧到所有事情……」 B：「你要把所有的事情都攬在身上，當然會做不完！你有考慮過我的感受嗎？」
A責怪對方	**指責生自責** A：「你到底還想怎麼樣？」 B：「我是不是真的要求太多了？明明都知道他已經很累了，我卻還……」	**指責生反擊** A：「你就是太自私！」 B：「我又沒有！我也做了很多付出，是你自己要犧牲奉獻的，關我屁事！」

如果你是一個習慣性自我責備的人，那麼不論對方說什麼或做什麼，你都會落入責怪自己的那兩格；相反的，如果你是一個習慣外歸因、把錯推到他人身上的人，那麼可能很多時候你會覺得錯的是對方，而採用指責或反擊的方式來面對。

但如果你沒那麼極端，而是「看人」做出不同反應的話，再對照這張表格時，就會變得十分有趣。你可以想一想，在誰面前你會符合哪一格？或者與誰相處的時候，你們的關係會容易掉入哪些格子裡？透過這個方格檢驗，你會愈來愈清楚自己在關係當中的權力位置、對方和自己分別習慣的歸因風格，還有對方說了哪些話，會觸發你什麼樣的反應。

有時自我犧牲，反而是犧牲他人

有些時候，「犧牲他人」的動機會用「自我犧牲」當作偽裝，透過這種方法來達到情緒勒索的目的。同樣的，習慣性自責，也很有可能是一種「透過自責來讓對方同情自己、希望對方能夠滿足自己需求」的手段。

在我們的文化當中，常見的腳本是長輩會對孩子說：「我為你做牛做馬這麼久，你竟然連生個小孩都不願意？」句子的前半段闡述了自己為關係犧牲了多少，後半段卻提出了一個要求，希望對方能夠遵從，這就是一種包裝在自我犧牲底下的犧牲他人。

又或是一對交往多年的戀人，其中一方為了維持這段關係，放棄了興趣愛好，改變社交圈，以便能夠和另一方住在同一個城市，並時常強調自己所做的這些犧牲，表明對這段關係的承諾和投入。隨著時間，另一方也開始認為自己不能虧欠。關係到了後期，雙方都變得愈來愈不快樂，卻說不出「分手」。

到底誰是犧牲者？誰是被犧牲者？更精確地說應該是，在一段彼此都沒有真實表達自己需求，或是病態依賴的關係當中，**其實雙方都是犧牲者，但同時也在利用這個犧牲的手段，隱微地去控制對方**，避免面對自己的恐懼，避免需求被拒絕。這是一種在彼此依賴和控制下，所構成的不健康關係。

讀到這裡，你可能會有一種感覺：原來，我沒有自己想像當中那麼善良。表面上我看起來是在順從、自我犧牲、為對方著想，但實際上，我真正想要的是不被拒絕、不被討厭、不被丟掉，為了達到這個目的，所以我做了很多付出、調整，甚至是把一些感受委屈藏在心裡不說出口，但是背後的目的都是相同的——我希望能夠被看見、被了解、被懂。

知道這些，並不會讓你「立刻」就不怕被拒絕，但可以讓你在每一次要提出需求，或是擔憂被拒絕的時刻，都停下來想一想：我所擔心的是真的嗎？我們之間有什麼正在運作？在我和他的關係中，經常出現指責還是自責？會不會他口中（或我腦中）

的那些自我犧牲，只是一種偽裝的操控？

恐懼，往往驅使我們採取自我犧牲的行為，希望透過這種方式獲得他人的認可和接納，避免面對被拒絕的痛苦。我們以為透過放棄自己的需求和願望，可以使關係更加和諧，實際上卻可能在無意中屏棄了彼此的真實感受和自由。這種行為模式的背後，往往是我們對於自我價值的不確定和對他人反應的過度敏感，因為在某種程度上，我們把他人的接納，視為自我價值的乖寶寶章。

理解恐懼，才能超越恐懼。每個人心中都可能潛藏著各種恐懼，無論是對失敗的恐懼、對未知的恐懼，還是對被拒絕的恐懼。這些恐懼往往源自於我們過去的經驗、內心深處的不安全感，或是對自我價值的質疑。它們就像是無形的枷鎖，限制了我們的思維，束縛了我們的行動。下一章我們將一起看見，在依賴陷阱中，這些恐懼如何限制了你，以及待在恐懼裡如何讓你感到「安穩」。

第7章

生命的兩種動力——「趨樂避苦」和「維持穩定」

Bob承諾會和May一起度過跨年前的最後一個週末，對May來說，Bob的這個答應非常重要，這意味著在這段不穩定的關係當中，他終於願意為彼此做出一點付出和努力。然而，在最後一刻，Bob仍以家庭責任為由，取消了計畫，讓May感到極度失望和被背叛。

其實，這種情況不是第一次發生，每當這樣的事情發生時，May都會感到痛苦萬分，但她仍然無法離開Bob。

May其實心裡面很矛盾。一方面，她渴望和Bob在一起，每次相處的時候，他們總是有聊不完的話題、Bob談笑風生、學識淵博、風情萬種，兩個人在一起永遠不會無聊。但另一方面，這種關係的不確定性和無法兌現承諾的事實，反覆觸碰到May被遺棄的恐懼。每次Bob取消計畫，May的自我價值感和對關係的信任就會受到打擊——奇怪的是，這種打擊反而進一步加深她的情感依賴。

每次被拒絕，May就試圖獲取Bob的肯定，希望Bob誇獎她，對她說一些甜蜜的話，或重新確認他們下次的計畫，來維持關係的穩定。她以為這樣可以減少不安全感和痛苦，然而，這只是一種暫時的慰藉，完全無法解決她內心深處的問題。她好害怕只剩下自己一個人，好害怕這段時間的付出都白費了，也好害怕到了最後，自己什麼都沒有。

在這個故事當中，May感到的痛苦和矛盾，反映了她在「趨樂避苦」和「維持穩定」之間的掙扎，以及她如何處理依賴、拒絕恐懼和自我價值等問題。就像前一章談到的——一個害怕被拒絕的人，往往是在三個議題中被綁住了手腳：

- 高拒絕敏感度
- 關係當中的權力位置較低
- 容易被對方的舉動和行為影響自信心

在這段關係當中，Bob顯然是處於權力比較高的位置。May超高的拒絕敏感度，以及對這段關係的依賴，就成為她改變的障礙。過程當中，她當然不止一次地想過要離開這段關係，讓自己不要再那麼痛苦，但每一次要離開，都可能會經歷椎心蝕骨的撕裂感，以及像海浪一樣不間斷的自我責備，於是很快地又退回原先自己舒適、習慣的位置：我還是維持現狀好了。

在這樣一來一往的內心掙扎當中，其實涉及了佛洛伊德提到的「趨樂避苦」與「維持穩定」——我們總是害怕承擔更多的痛苦，所以只能選擇停留在自己願意承受的痛苦當中。然而，眼前的痛苦還是非常地痛，所以又會嚮往著改變，卻未曾改變。

趨樂避苦與第二好處

「趨樂避苦」原則認為，人類的行為主要是為了尋求快樂和避免痛苦。在這個過程中，我們受到本能欲望的驅動，尋求即時的滿足和快樂，並習慣性地延宕痛苦，從基本的生理需求，如飢餓和性欲，到更抽象的情感和心理需求，如渴望被愛、被重視等，皆是如此。

依靠者 May 明明知道繼續關係會持續痛苦，為何還不離開？其實，「趨樂避苦」這四個字，遠比你想像得複雜許多！在 May 的情況中，有好幾個心理因素共同作用，使她難以離開這段關係：

- **即時滿足 vs. 長期痛苦**：即使長期關係帶來痛苦，May 仍可能會因為與 Bob 在一起的短暫快樂和滿足而留在關係中。**人類往往會高估短期滿足的價值，低估長期後果，尤其是在情感依賴和強烈的情感經歷上**。
- **恐懼孤獨和拒絕**：失去 Bob 帶來的孤獨和被拒絕感可能比留在這段關係中的痛苦更難以忍受。這種恐懼使 May 選擇忍受已知的痛苦，而非面對未知的孤獨。
- **投資與自我認同**：May 在這段關係中投入了大量情感和時間，將這段關係與自我認同緊密相連。承認這段關係是有害的，意味著承認她的投資是徒勞無功的，會對她的自尊和自我價值造成打擊。
- **希望和理想化**：抱持著改變或改善關係的希望、相信情況會好轉，會讓自己暫時好過一點——即使現實並不支持這一觀點。常見的症狀是，她可能會理想化（Idealization）一段關係，忽略負面事件，專注去尋找可以證明「這段關係還有希望」的證據。
- **情感依賴**：May 的情感依賴可能源於更深層的心理需求和過往經歷，如早期依附關係的問題。這種依賴使得離開關係不只是失去一個伴侶，更像是失去一部分的自己。

換言之，May 維持這段關係其實有許多「第二好處」（Secondary Gain）[27]，有些甚至是有點病態的，例如：

- **情感支持的感覺**：即使是來自一段複雜和問題重重的關係，May 也還是能從中獲得某種程度的情感支持和關注，就算這些支持是不穩定和間歇性的。更精確地說，正因為這些支持是不穩定和間歇性的，才讓她更難以自拔，這就是操作制約裡的「變動比率增強」（Variable Ratio schedule，簡稱 VR）[28]。
- **身分和角色**：May 在這段關係中找到了一種被動、受害者的角色。有時候這種

27 Craske, M. G., & Barlow, D. H. (1988). A review of the relationship between panic and avoidance. Clinical Psychology Review, 8(6), 667-685. 這篇文章談恐慌發作（Panic Attacks）與逃避行為（Avoidance），作者指出逃避行為，例如避免去公共場所、開車、社交，能帶來「第二好處」，好比獲得他人的同情與支持、減少日常壓力或責任，儘管這會讓當事人生活受限。

28 這是心理學中操作制約（Operant Conditioning）理論中的一個概念，由史金納（B.F. Skinner）提出。常見的例子是遊樂場的夾娃娃機，你根本不知道何時會「出貨」，就會發了瘋似地一直投幣。研究發現，這種方式可以增加孩子學習時的專注力，減少磨壞行為。Houten, R. V., & Nau, P. A. (1980). A comparison of the effects of fixed and variable ratio schedules of reinforcement on the behavior of deaf children. Journal of Applied Behavior Analysis, 13(1), 13-21.

身分可以給她一種存在感和目的感，尤其是她在其他生活領域感到不確定或缺乏方向的時候，至少這可以讓她感到自己在某人生活的中是重要的。

- **潛在自我懲罰的爽感**：May 或許在無意識中使用這種痛苦的關係作為自我懲罰的一種形式，以獲得一種扭曲的安慰感，因為這符合她對自我價值的負面認知，例如：我是不值得被愛的、我是沒人要的、我果然只配得到這種關係。
- **控制感的錯覺**：這種錯覺的核心在於，認為自己能夠影響或改變對方的行為和關係的結果，即使這種控制感幻想的成分居多。這種自我安慰可以讓 May 覺得自己對於維持這段關係還有一定的控制權，而不是完全無能為力。

其他第二好處還包含當個犧牲者／自囚者，以獲得旁人同情，避免改變所產生的不確定與恐懼，或有某種站在道德至高點的優越感等。那麼，要如何從這些第二好處的制約中走出來呢？我用 May 的故事列了一張表，我們可以比對看看過去你做了什麼，以及這些方法的「副作用」是什麼。

這個表格再次說明了改變為什麼是困難的，人有一種傾向是維持舊有的習慣，走阻力最小的路。但生命的阻力是很公平的，如果你長期都走容易的路，那麼以後的路只會愈走愈困難。

項目	作法	副作用（可能遇到的挑戰與困難）
消退（Extinction）	減少與對方互動頻率	•**情緒來襲**：經歷到失落、痛苦、焦慮，或是覺得撐不下去。 •**內在抵觸感**：不斷問自己明明想要聯絡，為什麼要疏遠，反覆困在思緒中。
替代性增強（Alternative Reinforcement）	找新關係、新對象	•**不可取代感**：覺得沒人能夠取代曾經的對象，把新對象拿來和「有他的宇宙」比較，覺得還是有他比較好。 •**依賴轉移**：原先過度依賴的課題並沒有解決，和先前對象的關係又重演在另外一個對象身上。
處罰（Punishment）	如果聯絡對方，就處罰自己跑操場三圈	•**內疚和自我否定**：如果沒做到，就會覺得為什麼自己連這麼簡單的事情都無法堅持。 •**反效果**：過度壓抑會搞得自己愈來愈焦慮，反而可能會更想要聯絡對方。
消極避免（Passive Avoidance）	封鎖對方、慢慢淡出對方的生活圈	•**社交隔離**：如果兩人有許多共同朋友，避不見面到最後，很可能自己的社交圈子愈來愈小。 •**反彈**：有時候愈是避免，愈常會想到對方。雖然封鎖了，但還是會透過各種方式去偷看對方過得怎麼樣了。

打破慣性，從回饋開始

「維持穩定」指的是生物傾向於維持內部平衡或恆定狀態的原則，稱為「恆定性」（Homeostasis）。生物會透過各種自我調節機制，使得體內各項生理變量維持在一個相對穩定的範圍。例如流汗是為了降低體溫、發抖是為了維持體溫、調節呼吸頻率是為了維持血氧濃度等。生理的某些數值偏離正常範圍時，生物體會啟動回饋機制，讓人們得以在環境變化時保持內部穩定，維持正常的生理機能，這是生存的重要基礎。

同樣的概念套用在習慣改變上，人類也會傾向於維持自己舊有的習慣，來減少能量的消耗。許多抗拒改變，都是遵循著這個恆定性的原則，要打破這個原則，除了可以追溯到原生家庭的經驗、過往的情緒之外，還有一條出路是「覺察恆定性的路徑」。

以人類調節體溫為例，恆定原則的運作包含三個部分：受器、控制中心和反應器。當外部溫度升高時，皮膚上的感覺接受器會偵測到體溫的變化，將這些訊息傳遞給控制中心，即大腦中的下視丘，再根據接收到的訊息來決定適當的反應，進而啟動反應器，如汗腺，於是我們流汗來增加散熱。

將這個過程對照到 May 的經歷，她無法停止繼續聯絡 Bob，其中一個原因就是來自於過往兩人相處的經驗，早已建立了她大腦中的酬賞系統。

◆—受器

這裡的受器可能是五官，例如看到對方的照片和動態、聽到對方的聲音，或是經過對方的公司等，都會讓 May 想起這段關係，以及與關係有關的所有情緒。

人類和其他動物有一個很大的差別在於，我們會「自己給自己刺激」，白話來說，就是「庸人自擾」、「想太多」，有時候我們就是會「自己」想起一些相處的畫面、回憶起過往美好的經驗，這也是一種內在刺激。

◆—控制中心

涉及到大腦的情緒和獎賞系統，主要是杏仁核（Amygdala，處理情緒反應）和伏隔核（Nucleus Accumbens，簡稱 NAcc，與獎賞和愉悅感相關）。當 May 與 Bob 互動時，這些大腦區域可能會產生正面的情緒反應和獎賞感。即使 May 知道這段關係對她有害，這種正面的回饋會讓改變這個習慣變得困難，因為大腦傾向於重複那些帶來獎賞感的行為。

◆反應器

由於不論是想起他、看到他的動態，或是意識到自己在這段關係是多麼地委屈，甚至只是覺得孤單寂寞，都有可能會讓大腦開始提取過往曾經獲得酬賞的路徑。例如：「現在打給他，他應該可以接吧？我好想聽他說話。」「我心情好糟，好想要找一個人抱我，不知道他還在不在公司？」在這樣的驅動下，身體就會進一步啟動雙手或雙腳（反應器），打電話給他，或者是直接到公司找他。

你可能會說，知道這些，然後呢？其實，只要能夠洞悉這些如鎖鏈般的步驟，就可以很輕易地在任何一個鎖鏈的連接處中斷。你可以「打斷」這些過程，並且透過一次又一次地打斷，找到其他反應的可能。

提供三個不同的切入點：

一、**中斷訊息接收**：不去看他的動態、不經過他的公司、把任何有關他的東西全都丟掉，眼不見為淨。不過這個方法會有操作上的困難，如前面談到的，我們會有內生性的刺激，會自己「腦補」很多事情，想著如果我不在他身邊，他在做什麼？沒有我的日子，他是否過得比較辛苦？已經這麼多天沒聯絡，他還會在乎我嗎？凡此種種，就成為煩惱的源頭。

像這種時候，可以善用口訣──「停、吸、間」（諧音「停屍間」）。暫停一下，深呼吸七次、為自己和對方保留一點空間。當你可以把思緒從想東想西，拉到現在的呼吸，就表示你已經成功了中斷一次！透過一次次的練習，你可以把自己從停屍間裡拖出來，在依賴陷阱的鬼門關前，重新復活過來。

二、**中斷獎賞系統**：你可以把這個方法想像成在地圖上面找替代道路，當你成功中斷的次數愈多，你就多一條路徑，抵達內心的平靜。

具體來說，當你又感到焦慮、孤單、想要有人陪的時候，打電話給他聽聽他的聲音是一條「高速公路」，但做其他替代的行為，例如聽音樂、跳舞、流一點汗、走一點路，都是有機會讓心情好一點的「替代道路」。當你成功嘗試過一、兩次之後，你會發現，自己並不是只有「找他」的這個選項而已。

三、**中斷反應器**：如果你的覺察比較晚才上線，那也沒關係，即使到你已經輸入訊息準備傳給對方，按下送出就等於重蹈覆轍的時刻，你還是可以把訊息完全刪掉，或者是傳給任何文字AI，又或是傳到和自己的聊天紀錄當中。一開始可能會覺得這麼做很愚蠢，但幾次下來，你會為自己的改變感到開心，也會對自己的自我控制能力愈來愈有信心。

我們的生命裡有兩個很常見的原動力，一個是趨樂避苦，另一個是維持恆定，兩個原動力組合起來，很容易讓我們在舊有的習慣上不斷重複，在依賴陷阱裡明明痛苦，卻又同時享受第二好處，變得逡巡不前。

但好消息是，在這個章節之後，你可以開始嘗試中斷，還給自己第二，甚至第三種選擇。當你的選擇變多了，你會發現，除了依賴，還有很多方式能讓自己獲得平靜。

第8章

為何我好想被愛，卻又好怕被愛？

你是一個想要被愛的人嗎？還是你與我一樣，渴望被愛，同時又害怕被愛？我在寫第一本書《在怦然之後》時以為是因過去曾深深愛過，也深深被傷害過，所以覺得每一段愛背後都蘊含著傷害。既然每個開始都會有結束，不如不要開始，就不會分開。

隨著時間，我慢慢發現，這個問題其實有許多不同的答案，尤其對於本身就缺乏安全感的人來說，恐懼與渴望，往往是一體兩面。

就像是很多人一方面知道依賴是個陷阱，但同時也擔心自己如果不在這個陷阱中，會變得一無所有，來回拉扯之間，就選擇了在陷阱中掙扎，在掙扎中痛苦，在痛苦裡等待解脫。你會發現，在依賴陷阱中載浮載沉的人，往往是「自我概念」（Self Concept）相當模糊的人，不確定自己要的是什麼，不確定自己的自信該建立在哪裡，所以大部分的時候都會依對方的情緒、關係的穩定度，來決定自己的價值。

但我們也談到，人是一種習慣維持恆定的動物，這也意味著，當你感覺到內在很不安、很起伏時，會希望找回自己內在情緒的控制感，回到穩定、平靜、自在的狀態。這或許也是為什麼你會想拿起這本書、走進書店、走進諮商室、找朋友聊聊等。一個受困在依賴陷阱當中的人，之所以同時渴望被愛又害怕被愛，是因為對於「愛」這件事情有著兩相矛盾的想法。

愛可以讓自我覺得穩定、平靜，不再那麼惶惶不安。當對方給予穩定的愛時，會讓一個人覺得自己是有價值的，但同時，愛也會讓人覺得擔憂、害怕、不確定，尤其是當對方給予很多愛，或者是自己接受到很多愛的時候。愈是被這些灌入的愛影響的情緒，無論是更開心、更騷動，都意味著我逐步失去對自己的控制——我需要靠別人才能夠幫自己充電，我好怕我生命的控制權被拿走，所以我好怕被愛。

你可以看看接下來這幾種可能性中，有沒有你熟悉的影子。

害怕自己「不值得」被愛

多年前，我在一個線上問答網站「Quora」看過一篇文章，標題是「當有人對我好時，我覺得自己不值得，而且我感到很尷尬。這是為什麼？」[29]，其中一位討論者 Liz

Christmas的回應一針見血又不失溫柔，我摘錄整理於此：

也許在過往的人生中，你沒有被好好對待過，這就是為什麼你很難相信其他人能夠對你好、能夠愛你。這也可能是在過去的日子裡，你一直是那個去給予、去善待他人的人，你覺得這是你的責任。接受別人的好，並非你所習慣的事。

有一段時間，我也不習慣別人對我好、愛我。記得有一次，我在社群上面徵求一個電腦小零件，有個陌生人家裡剛好有多的，想要免費送給我。不知道為什麼，我覺得這很困擾，非常不好意思，說要付錢給他，但他並不想收我的錢。他最後說，如果我還是覺得卡卡的、怪怪的，可以改成把費用捐給慈善機構。

根據心理學的「社會交換理論」（Social Exchange Theory）[30]，我們從小就被教育：給予和獲得之間存在著某一種等價交換。你和一個朋友一起出去吃飯，這次是他

29 “When someone is nice to me, I feel I don't deserve it and feel so awkward. Why is that?”

30 用於解釋人際關係及人與群體之間互動行為動機的一個理論。其核心觀點是，人際互動可視為一種資源交換的過程，每個人都會努力求得C/P值最高的結果。不過，這理論後續受到許多批評，因為社會交換只是人際互動的一種形式而已，根據黃光國「人情面子模式」，人與人之間還存在情感關係與混合關係。Cropanzano, R., & Mitchell, M. S. (2005). Social exchange theory: An interdisciplinary review. Journal of management, 31(6), 874-900.

付錢，下次就應該由你來付錢，透過這種方式，達到一種心理上面的平衡。

但人際關係並不是只有金錢上面的交往或是物質上的交換而已，有些時候朋友邀請你吃飯，他想要「交換」的是你臉上的笑容，甚至是只是喜歡你們兩個人單純在一起的時間，光是這樣就夠了。你不需要支付給他費用，也不需要下次再回請他，因為你的時間本身就彌足珍貴。

儘管如此，有些人還是會覺得尷尬，所以選擇爭送回禮，或主動提出下一次的邀約，透過這種方法來降低內心的不安和擔心。Liz Christmas 也提到類似的例子，並說出自己如何「跨越」這樣的障礙：有一次他送給對方東西之後，對方真的收下來了，但在偶然的機會之下，對方坦誠地說出自己的感覺，說自己並不是真的需要這個禮物，並且把禮物退還。這個經驗讓 Liz Christmas 有些新的體會——不是每一個付出都要同等的回饋，也展現了一個概念：**有些時候你給的愛，並不一定是對方想要的那種愛，而對方的拒絕，也不代表拒絕你，只代表他並不是真的需要那個東西**。

看清楚對方給予背後的目的並不是為了索求，也了解不是所有的付出都能夠被對方接受，更重要的是，重新詮釋被拒絕和被接受的意義。這三個步驟會協助你從過往你不斷的自我責備和懷疑當中，慢慢走出來。

覺得自己「沒有價值」

還有一種情況是，很多時候我們沒有辦法接受對方的好、收起對方的愛，表面上看起來是不好意思，但真正的原因是源於：覺得自己沒有價值。

我的心理師朋友 Chloe 曾經問我一個問題，顛覆了我對自我價值的想法。她對我問道：「你覺得自己一個小時值多少錢？」當時初出茅廬的我，覺得免費都不為過，勉強說了一個數字，她才告訴我，每個人對自己的每小時定義價格，會決定他如何看待自己在這世界上的價值。

當然，金錢只是一個很粗糙的指標，可是如果連這麼粗糙的指標，你都覺得自己只值得那樣，這也意味著，當別人付出時間在你身上的時候，你會有一種「虧欠感」。或許你心裡會有一種潛藏的感受是，他花這麼多時間在我身上，我會不會是他的麻煩、累贅？同樣的時間，他去做其他事、陪其他人，會不會更好？我是不是在占據他的人生？這一個又一個的自我詰問，其實是用問題包裝的自我懷疑，每一個問題都指涉你對自己的自我價值低落，所以你很害怕浪費別人的時間。

說穿了，害怕自己不值得被愛的人，就是覺得自己的時間價值比較低的人。而當下次你再產生類似的想法的時候，可以試著輕輕地對自己說：「我是有價值的，我的時間是有價值的，我也付出了我的時間在我們的關係裡頭。」

當你開始肯定自己每分每秒的價值，你也會開始肯定自己存在的價值。

自我概念的掌控感

有句話說：「人總是渴望被了解，又害怕被看穿。」我把這句話稍微再改成：「人總是渴望被需要，又害怕被掌控。」當你成為一個「社會人」，和其他人建立關係，就意味著你的自我概念會受到其他「存在」影響。這裡的「存在」，包含你的人際關係、工作、生活狀態，甚至是環境等。

例如：當一個人失業的時候，會覺得自己在這個世界上好像沒有貢獻，沒有意義和價值。生病的時候，會覺得自己好像個廢人。就連我也常常覺得，如果長時間都沒有作品和產出，我活著和沒活著好像沒有什麼差別，這些都是工作影響自我概念的常見例子。

而當你在朋友或感情關係中成為一個很重要的角色，大家常常需要你，或是向你求助，你會覺得自己好像存有某種價值。你或許是別人口中的好好先生／小姐，但如果脫離了這些朋友，告別了熟悉的朋友圈，這個「萬事通」的你，還在嗎？

心理學上的自我概念，指的是「一個人對自己的認知和評價，包括對自己身分、特質、能力和價值觀的看法」，它形成於你的生活經驗、社會互動和內在反思之中，是自我認識的核心，並影響著你的行為、情感反應及人際關係，白話來說，就是：**其他人、事、物的存在，以及與你的交會，會部分定義你的存在**。

典型的自我概念常常是由許多「身分」所組成的，例如：你可能同時是能幹的妻子、不孝的女兒、焦慮的媽媽、讓人放心的閨蜜，也是進修部認真的學生等，這一個個的社會角色，成為你對自己的定義和了解。

當你的人生都是由別的人、事、物來定義時，固然會感覺到自己在人群當中的重要性，但有時也會有失去控制的感受。

例如：礙於身分和角色，可能沒有辦法每件事情都按照自己想要的去做，這是「想要成為別人的重要他人，但又怕他人會掌控你生命所有」的矛盾。而當他人對你付出關愛時，你可能也會擔心，這樣的連結某種程度上是一種自我的讓渡——當你接受了對方的好意、打開雙手讓愛進來，對方便可能基於這層關係，要求你去做更多其他的事情，甚至是對方沒有要求你，你也會為了想要繼續維繫這段關係，主動為對方付出、增加自己存在的價值與意義。

你希望有人能夠需要你，但你又希望自己不是隸屬於他人的工具或物品；你希望自己在這世界上有價值和意義，但又不希望時時刻刻都為別人而活；為了避免過度的感情涉入，會產生窒息和被控制感，你可能會主動地管控那些愛進出的流量，避免他人在你的生命裡扮演太重要的角色，也避免自己在別人的生命裡擔任要角。最後，你變成逃避大師。

然而，這樣的一種人際關係逃離，就像是一座永遠在警戒線的水庫一樣，因為害怕有一天水庫會爆炸，只好維持最低的水位，當情緒旱季來的時候，你可能會感到孤單、很需要人陪，但又同時害怕他人的陪伴會成為你生命當中重要的羈絆，所以只好繼續維持許多段蜻蜓點水的關係，稍微獲得一點短暫而表面的溫暖，不涉入彼此的人生太多。

你以為這樣是增加了更多對人生的掌控感，但實際上，你只是從人際關係裡不斷地退縮。隨著時間，你會發現，自己的情緒起伏愈來愈明顯，人生反而愈來愈虛空、愈來愈失控。

罪咎的責任感

有的人接受對方的愛，不只會感覺到有責任要回報，更有可能會擔心自己不論如何都無法同等的回報對方，害怕自己的回饋讓對方失望，害怕這個失望會危及兩人之間的關係。這裡除了預設「我的存在和回饋本身沒有價值」之外，還附加了一個深層的罪咎、羞愧感，以至於不管自己做再多、付出再多，都會覺得自己欠對方。

這個「深層的罪咎感」是什麼呢？答案是在早期依附經驗當中，曾經被羞辱、貶低、拋棄、毒性對待的記憶，在靈魂裡面烙印的痕跡。

接下來的故事是個非常典型的例子，你可以一邊讀一邊感覺，小玲是如何「長成這樣的自己」。

小玲從小生長在一個高標準的家庭，父母總是期望她在學業和各項活動上表現出色。每當小玲沒能達到父母的期待時，她就會受到批評、羞辱，說：「你怎麼這麼沒用？」「看看別人家的孩子，你不覺得自己很失敗嗎？」這些經歷讓她深信自己不夠好，她的存在和努力對父母來說沒有價值。

長大後，小玲在人際關係中經常感到自己無法「配上」他人對她的好。去年的情人節，她的女友艾莉安排了燭光晚餐，並知道小玲喜歡靠窗的位置，還特別向餐廳提出需求。小玲雖然開心，但又覺得焦慮，連拿刀叉準備要吃牛排的時候，都感到很不自在。當時小玲的腦袋已經在想，怎樣才能給出同等，甚至更大的回報，以回應艾莉的愛。

搞了老半天，小玲一口牛排都還沒吃，腦袋裡面已經想到了千百種劇本，包括要帶艾莉去地中海度假、買艾莉一直在看的昂貴手錶，甚至連包紅包給她都想過了。這頓飯讓她吃得肚子很痛，她很害怕自己「不足」的回饋會讓艾莉覺得失望，更怕自己沒有辦法同等地回應艾莉的愛，讓這段關係破裂和崩解。

這種深層的罪咎感和羞愧感，來自於小玲早年與父母的依附關係。在她的內心深處，那些被羞辱、貶低的經驗留下了深刻的痕跡，形成了「無論如何努力，自己永遠無法滿足他人，自己的存在和付出本身沒有價值」的信念。

這種信念影響了小玲成年後的自我認知和人際互動，導致她在接受愛和關懷時感到不安和壓力，始終覺得自己有所虧欠——儘管這個虧欠，並不一定是真的。

從被愛的恐懼中脫鉤

面對小玲這樣的狀況，倘若你是她的心理師，或者你就是她本人，你覺得關鍵在於什麼？可以從哪一點切入，來扭轉這種罪疚的責任感？

心理師經常採用的方式，就是提取過去的依附經驗，進行認知脫鉤。這是一種心理過程，指個體能夠將自己的思考從當前的實際環境或情境中分離出來，進行抽象思考、假設推理或想像。這種能力使我們能在不受當前實際條件限制的情況下思考問題，考慮不同的可能性。

透過認知脫鉤，我們可以超越直接經驗，進行更為複雜和創造性的思考。具體的步驟包含：

一、**提取過往經驗**：以前發生過什麼事情，讓我有這種愧疚、羞愧的感覺？我眼前覺得欠別人、什麼都不夠的感受，曾經在什麼時候也有類似的經驗？

二、**具象化過往經驗**：在那次的經驗裡面，我覺得自己是一個怎麼樣的人？當時我身邊有誰？他們說了什麼話或做了什麼動作？有沒有哪一個畫面是讓我印象深刻的？當我把記憶拉回到當時的現場，內心和身體的感受是什麼？

三、**調整呼吸**：試著將自己心情稍微平靜下來，深呼吸七次，腦袋持續想著剛剛的畫面，一邊感受痛苦，一邊調整自己對痛苦的耐受度。試著用幾個形容詞描述這個畫面當中的人們：他們看起來怎麼樣？講話的語氣怎麼樣？個性如何？

四、**認知脫鉤**：把視野拉回到現在，想想畫面中的那個「我」，他所在的環境和時空背景，與此時自己的狀態是否一樣？可以看看自己的手腳，或摸摸頭髮、大腿、肩膀等，感受現在的自己和記憶中的畫面有什麼相同和不同？感受此刻的自己和過往記憶當中的那些傷害羞辱自己的對象，有什麼差異點？

一開始可能不容易想到，你可以先從「相似點」開始想起，例如同樣都是面對關係中權力比較大的人，或都是自己深愛的人等。然後進一步擴展到不同的地方，例如眼前的這個人對我比較溫柔，或眼前的這個人是真心愛我的，不會因為做了什麼或不做什麼，就貶低和質疑我的存在。

五、想像動作：最後，請思索小時候在被羞辱和貶低的情景當中，自己做了什麼，可能是驚嚇在原地不動，或者是跑到房間躲起來，甚至是覺得自己不應該存在世界上，想挖個地洞鑽進去、打自己的臉、用拳頭捶牆壁等。再拉回現在，感受一下現在自己可以稍微做一點什麼和以往不同的事情？比方說心平氣和地說一聲謝謝，或看著對方的眼睛，給他一個深深的關懷等，甚至也可以什麼都不做。有些時候，光是什麼都不做，就已經和過往的自己有很大的不同。

這個練習其實不只是對於過往創傷的一種重新詮釋，也是重建新的人際關係，修復自己對愛與被愛恐懼。你可以想像自己的大腦就像一台列車，車廂是一節又一節勾連在一起的，那些過往的回憶，勾動著你現在前進的方向。而認知脫鉤，就是試圖將「當時劇烈影響你的火車頭」脫離。車廂中的你，可以勾到別的車頭上，也可以順著現在的速度往前滑行。重點是，當你意識到自己也是一個完整的車廂，你也可以給自己新的動力，不需要隨波逐流。

每一段愛的背後，我們都能感受到那份深刻的情感牽絆，同時也承載著可能的傷害和失落。所以，愛與被愛其實是個關於勇氣與脆弱，關於給予與接受的故事。

所以，當我們在愛中尋求安全感，也許真正需要的是對自我價值的確認和接受。在愛與被愛的道路上，讓我們一起試著溫柔地對待自己和他人。不必擔心回報的平衡，不必害怕愛的結束，用一顆溫柔而堅定的心，去愛，去被愛。

第9章

恐懼之井——你真正害怕的是什麼？

你正在害怕的是什麼？

你真正害怕的是什麼？

你知道嗎？這兩個看似雷同的問題，其實有很大的差異。

第一個問題關注「當下」，可能是某個具體的事件、情況，或是即將到來的挑戰。這種恐懼通常是對於未知的擔憂，或對於可能發生「不好的事」的預期。

第二個問題則深入探討了更深層次的恐懼，這種恐懼往往根植於我們的內心深處，與我們的信念、價值觀，以及過去經驗緊密相連，常與失敗、被拒絕、孤獨、不被理解或是不符合他人期待有關。

在認知治療中，有一個我相當喜歡的練習，叫作「箭頭向下」（Downward Arrow

Technique），透過覺察當下的恐懼，逐漸抽絲剝繭，往下去尋找自己更深層的恐懼是什麼。一開始會覺得有點無厘頭，好像怎麼樣也問不到盡頭，但如果願意給自己多一點時間與耐心，你終究會挖到一些很深刻的東西。

想像自己的內心有一口井

村上春樹的小說《發條鳥年代記》當中，主角為了和內心自己的黑暗好好相處，曾拿著一支球棒，爬到井的深處，在那裡做了很長很長的夢。在恍惚之間，他想到了很多畫面，睡了又醒，醒了又睡。年輕的我讀到這一段內容時，覺得主角很愚蠢，好好的日子不過，為什麼要爬到井底，那裡什麼都沒有。

後來念了榮格心理學，多多少少知道一些象徵和隱喻，才發現書裡的這口「井」，不僅是一口井而已，更是一條通往內心深處的通道，主角表面上是往地底深處爬，實際上是爬向內心深處某一個很黑暗的地方，去思索自己的存在、活著的意義，還有那些若有似無的人際關係。

這也可以隱喻成「你和內在那個好久沒有碰觸的自己」相處的一個方法。根據箭頭向下的技巧，搭配井的隱喻，你可以在紙上畫一個水井，像是一座往地心深處探勘的塔，在井口寫上你「現在在害怕的事情」，然後往下一層一層地構築出你「恐懼背後的恐懼」。

如果覺得有點困難，可以不斷地問自己：「你在害怕什麼？」這是我朋友 Audrey 在一次工作坊當中學習到的技巧。工作坊的老師讓學員兩兩一組，說出自己最害怕的事情，其中一人當提問者，另一人當回答者。提問者從頭到尾只問一句話：「你在害怕什麼？」回答者就從他最表層的害怕，慢慢往下抽絲剝繭，像洋蔥一樣，一層一層抵達他內心深處的恐懼。

這個活動非常好玩，但也非常可怕，尤其與不認識的人玩，你可能會害怕這些人怎麼看你；與認識的人玩，你更會擔心，他們知道你內心這麼深處的黑暗和祕密之後，是不是還會留在你身邊。

所以，一個比較安全的方法是透過眼前紙上的這座井，自問自答，像爬樓梯一樣，一點一點地抵達水井的深處。你可能會好奇，走到最後會看見什麼；你也可能擔心，自己撐不到最後。但這些念頭，在你開始實踐之前，都是空想。你可以開始寫一點試試，能夠走到多深，就算多深，不需要給自己太大的壓力。

還記得第 1 章，害怕失去 Hank 的 Sherry 嗎？她準備開始這趟探索自我的旅程，讓我們一起看看她是如何深入這口井的。

井口：失去 Hank

我為什麼這麼害怕失去他？答案浮現在心頭，因為我害怕孤單。於是，我往下挖掘……

第一層：害怕孤單

為什麼我會害怕孤單呢？深入思考後，我發現，這背後是我對自己不夠好的不安全感。我害怕沒有 Hank，我就不會被人需要，不會被人愛。

第二層：不安全感、覺得自己不夠好

這份不安全感來自哪裡呢？我想到了童年時期，我經常感到被忽視，總是努力讓自己變得「更好」以獲得父母的關注和認可。

第三層：童年情感忽視[31]

為什麼童年的我會感到被忽視？是因為我總是將自己的需求放在最後，總是試圖透過取悅他人來獲得愛和認可。

第四層：將自己的需求放在最後，取悅他人以獲得愛

這種模式從何而來？我發現，這是因為我害怕表達自己的真實需求和情緒。我好擔心這會讓身邊的人離我而去，所以我選擇把自己的感受藏起來，成為一個「好孩子」。

第五層：害怕表達真實的自我，擔心被拒絕和離棄

我好像快要到水井的最深處了。我終於明白，我所有的恐懼，都源於深層的自我認同困境，以及被拒絕的恐懼。我怕如果我不是一個完美情人，不是一個總是遷就、從不提出需求的人，那麼就不會有人想留在我身邊了。我最後一定會孤零零一個人，我不要，我不要……

最底層：對自我認同的懷疑、對被拒絕的恐懼

原來，我的恐懼不僅是失去 Hank，還有一個更深的是：如果沒有他，如果我被丟掉了，那我是什麼？我活著的意義是什麼？

31 鍾妮斯・韋伯（Jonice Webb）倡導的概念。Webb, J. (2012). Running on Empty: Overcome your childhood emotional neglect. Morgan James Publishing.

不知道大家在這個水井當中發現了什麼？其實幾乎所有的恐懼，表面上都是某個人或某個具體的事件，但走到更深處會發現，最後你會抵達的地方通常是「怕自己不被愛」或「他自己最後孤單一人」等等更抽象的想法。

蘇卡達象龜教我的事

當你意識到這口井，甚至每一層都愈看愈清楚的時候，再來要做什麼？

我經常收到許多讀者的來信，問題大致都是：「當我做了這些自我覺察，知道自己為什麼變成今天這個樣子，或發現過的童年經驗對我影響很大，那又怎麼樣？我還是一樣沒有動力，還是一樣覺得自己很糟，還是沒有力氣改變，該怎麼辦？」

以前，我通常會直接列出解決的方法和步驟，不過比起立刻提出方法，我現在認為更重要的是「**暫停一下**」。

許多具體的方法都提到「暫停」這個關鍵，有時候我們急著要前往下一個地方，或解決眼前的困難，反而心急吃不了熱稀飯，燙了嘴巴，得不償失。

適當的暫停，並不代表就要在原地踏步，更多的時候是重新檢視你現在身上有什麼資源，你擁有什麼、失去了什麼，然後重新規劃你想要前往的方向。

這其實是我家的蘇卡達象龜教我的，我發現牠們每天不是睡覺、晒太陽、躲在洞裡、吃東西，就是四處晃來晃去，從這個角落走到另一個角落。

有一天，我觀察牠們走路可愛的模樣，才知道原來牠們並不是往前走個不停，而是會經過幾個步驟：

一、先探頭看看四周有沒有危險。

二、往前踏幾步，暫停一下，左右觀察。

三、決定好前進的方向之後，就奮不顧身地一直爬、一直爬。

四、過程當中如果有風吹草動，就立刻停下來，重複第二個步驟。

五、有時眼前明明沒有路，還是會往前不斷地鑽進去；有時候會推開寶特瓶、障礙物，看到柳暗花明。

六、有時眼前明明還有路，甚至這些路是剛剛自己開拓出來的，卻會倒退幾步，甚至旋轉方向，走走看不同的路。

那天，我就這樣看著烏龜，看了一整個下午，想著牠們可能會活到超過百歲，甚至更久。有可能是因為牠們的生命如此漫長，才會願意給自己多一點時間等待，等待環境的轉變，等待歲月的更迭。

我們的生命雖然不比象龜，但還是可以學習牠們的精神：覺察、停頓、行動。看看自己過去、現在發生了什麼。暫停一下，感覺自己身邊的人事物和資源，再決定接下來要去哪個地方。

「恐懼之井」是一種覺察，但你需要在行動之前，給自己一點停頓的時間。至於在停頓的時候要做什麼呢？我的答案是，做什麼都可以，甚至什麼都不做也可以，就是等待時間的經過。

雖然前面提到許多練習，都是以「往前跨出一小步」的方式來促使行動，但我想說的是，**就算連一步也跨不出去，那也沒關係，你可以和象龜一樣站在原地，欣賞風景，甚至去感受在你身上的痛苦**。如同《發條鳥年代記》裡的主角，待在水井的底部，和自己相處。

這並不是一件容易的事情，因為你必須把自己泡在痛苦、矛盾裡，待在那些無法改變，但又難以前進的泥沼當中。有些時候，蹲低是為了跳更高，不過當你蹲久一點，腳就會痠，就會想要換其他的動作了。

可是，如果你總是馬不停蹄，這邊走走，那邊晃晃，這裡也覺得坐起來不舒服，那裡也覺得靠著腰痠背痛，那最終，你不但無法抵達任何地方，還會像是無頭蒼蠅一樣，在玻璃罐裡面亂飛到精疲力竭。

成為一隻打不死的蟑螂

你可能不想當蘇卡達象龜，也不想當蒼蠅，那麼還有一個選項，就是嘗試當你最討厭的蟑螂！

很多書籍都會提到「心理韌性」（Resilience / Hardness），這是正向心理學一個很重要的概念，通常是指當一個人面對逆境、壓力或挑戰的時候，能夠從這些困難當中恢復的能力，常見的心理韌性特徵包含樂觀、高度的適應力、積極學習的態度、自我效能感，以及能夠有效利用社會支持。

或許這對你來說非常空洞與抽象，有一種「你說的我都知道，但我做不到」的感覺，所以我想用另一個更具體的概念來重新檢視心理韌性，這個理論叫「3C模型」（3C's）[32]。心理學家蘇珊・科巴薩（Susan Kobasa）認為，承諾（Commitment）、控制（Control）和挑戰（Challenge）是組成心理韌性的重要部分。

承諾，指的是你對生活各方面願意展現積極投入參與的程度。一個願意對工作、人際關係、信念等有更多承諾的人，遇到挫折的時候不會立刻逃跑，而是想想自己能

32｜Kobasa, S. C., Maddi, S. R., & Kahn, S. (1982). Hardiness and health: a prospective study. Journal of personality and social psychology, 42(1), 168.

夠做些什麼讓現狀變得稍微好一點。

控制，指的是對於自己能力的信任，也就是自我效能。認為自己對生活有主導權、可以掌控一些事情，而不是活在命運的海浪當中，隨波逐流。當面對困境的時候，你可能會分析問題，也可能會調整計畫，不會困在原先自己的預期當中。你會試著當自己生命的舵手。

挑戰，是這三者當中最重要的一環，某種程度也是我們前面談到的成長心態。你可以把眼前遇到的困難，當成是命運給你的挑戰，跳過去就會提升等級，跳不過去也沒關係，再試一次。仍然跳不過去，或許嘗試搭個橋、建一艘船等，甚至可以轉身看看有沒有其他的援兵，畢竟人生的探險並不是只有你一個人需要承擔起所有，你也可以在路上找找其他志同道合的戰友。

把這三者應用到依賴陷阱上，可以轉換成三個貼近你內心恐懼的問題：

- 你願意為人生做出承諾嗎？你願意投入你想要的人際關係，也願意投入你想要的生活嗎？
- 你相信自己能夠掌控部分的生活，不再被其他人左右那麼多嗎？
- 你會怎麼解釋待在恐懼之井的時候，內心升起的那些感受？

當人們覺得緊張、害怕、恐懼的時候，可能會呼吸急促、臉頰泛紅，你可以把這樣的生理反應解釋成為焦慮，但也可以解釋成是興奮，就像出去旅行的前一天充滿期待一樣。一項研究請參與者發表演講，在演講之前，參與者被要求說「我很興奮」或「我很平靜」。結果發現，「興奮組」比「平靜組」參與者發表了更長的演講，並且更具說服力，也更放鬆。心理學家艾莉森．伍德．布魯克斯（Alison Wood Brooks）認為，由於焦慮和興奮都是「高喚起」（High Arousal）的情緒，所以比起把高喚起的生理感受解釋成平靜，解釋成興奮可能更貼切一些。[33]

同樣的，當你在回答前面三個問題的時候，單單說出「我願意」或者是「我嘗試投入看看」這幾個字，就會讓你對自己的自我效能有完全不一樣的看法。如果你對於承諾本身有恐懼，那也可以改成「我今天願意」或者是「我這十分鐘願意」。這個承諾不必是永久的，只需要是當下的，然後試著感覺一下，當你給自己這個承諾之後，心裡面發生了什麼，是覺得更有能量，還是覺得更耗竭？試著記得這個感受，持續體會和自己說話所帶來的力量。

最後還有一樣禮物，讓你帶在身上，再開始這段冒險。這個禮物就是「社會支持」

33 Brooks AW. Get excited: reappraising pre-performance anxiety as excitement. J Exp Psychol Gen. 2014 Jun;143(3):1144-58. doi: 10.1037/a0035325. Epub 2013 Dec 23. PMID: 24364682.

（Social Support）。

人非聖賢，墮落難免，這裡的墮落可能是偷懶、重蹈覆轍、被惰性打敗，或是又回去做那些你很討厭，但是又無法停止的事情。如果你有這些症狀出現，也別太過氣餒，畢竟我們都是凡人，跌跌撞撞本來就是日常生活的一種樣貌。如果希望自己可以堅持改變、繼續走下去，那麼找一些冒險夥伴，就是旅途當中的必然。

這些人可以是你的親朋好友，或透過網路認識與你價值觀相似的對象，甚至和你年紀相差很多的人，重點並不是他們和你相同或相異，而是從他們身上，你會得到不同的東西，可能是想法，可能是動力，也可能只是一個淺淺的微笑。你可以試著感覺和他們相處的時候，你獲得或是流失了什麼，選擇那些讓你有力氣可以繼續往下走的人，彼此扶持。

我們都是在黑暗中尋找光明的旅人，心中也都有一口隱藏的井，深邃、幽暗、充滿未知。深井的底部藏著什麼？是恐懼、絕望，還是一絲絲微弱的希望？當我們勇敢地問自己：「我正在害怕的是什麼？」再深入問：「我真正害怕的是什麼？」每一次向下探尋，都像是拿著球棒敲打著內心的牆壁，每一下都讓我們更接近自己的核心。

想像自己正坐在那口井底，周圍被黑暗籠罩著，但也有稀稀落落的光點，那是你內心深處的光，也許微弱，卻是屬於你的溫暖。

練習篇

自我塔——什麼是你無法放棄的自己？

他人的存在是兩面的，我們既渴望被他人理解和接納，又怕被他人過度定義，喪失自己的獨立性。

記得剛進諮商所的第一年，有一組同學在課堂上帶大家一起進行一個很棒的活動，在這裡，我把它稱為「自我塔」。這是一個從存在主義治療角度切入的練習，你可以準備一張白紙玩玩看。懶得動筆的人，也可以在腦袋裡面想。

一、**準備**：試著寫下你身上背負的所有角色，例如妻子、女兒、母親等。

二、**標籤化**：試著在這些角色前面加上形容詞，例如「心急的母親」。也可以是社會上的一些歸類，像是「憂鬱症患者」、「低薪族」。

三、**拓展標籤**：你的角色也可以是一個自我定義的標籤，例如「討厭自己的人」、「總是覺得空虛的人」、「想太多的人」，盡可能地增加你可以想到的標籤，寫在紙上時，記得在不同標籤之間，留些空間。

四、建立「自我塔」：留下這些空間，是方便你把它剪下來或撕成一片一片的紙片。將這些紙片放在桌上，你可以從最核心的自我概念（例如「想太多的人」）開始往上疊，像是疊疊樂的遊戲一樣，最上面的一張是你覺得相形之下比較不重要，或捨棄也不會影響太多的概念。而如果你覺得有幾個概念都同等重要，可以放在同一層上面，依此類推。

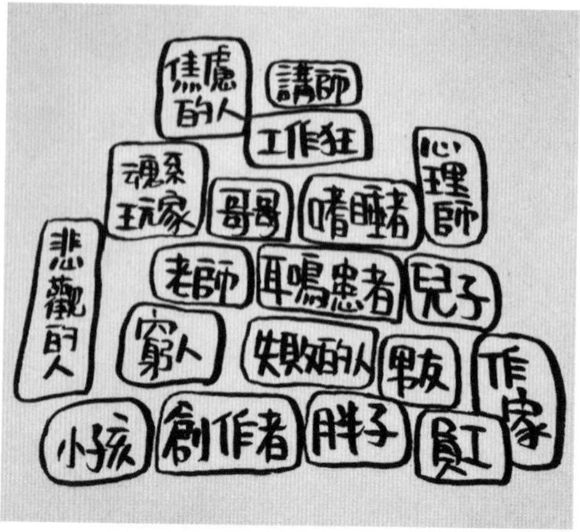

五、去標籤：試著後退一步，想像這是一個完整的你，如果有什麼漏掉的，可以再加進去。一切就緒之後，試著拿掉最上面的那張標籤，停頓三到五秒鐘，感覺一下你心裡面發生了什麼。如果沒有這個標籤，你的人生會有什麼不同？

六、建立「靈骨塔」：依此類推，

一次拿掉一張或者是一層標籤，排在另一邊，成為一座「靈骨塔」。你可以感受一下，拿掉了哪張標籤之後，另外一張標籤也會起連鎖反應？或是當你拿到哪張標籤的時候，已經覺得無法再捨棄任何一張了？

七、意義再定義：試著感受一下，當你拿掉什麼時，會開始覺得自己不是自己，甚至已經開始疑惑自己存在這世界上的意義了？

八、尋找影響源：此時，將目光轉移到那些你拿掉的標籤上面，也就是旁邊的「靈骨塔」。想一下身邊有哪些人、哪些事和環境，讓你覺得自己是這樣的人？他們的在與不在，對於這些標籤的影響是什麼？

九、重建自我塔：最後，嘗試將你拿掉的標籤一張一張加回來，每放一張，都留一點時間給自己，幾秒鐘也好，幾次呼吸也好，試著感覺這些標籤再放回來的時候，你有什麼感覺，心裡面發生了什麼？你真的希望這些標籤再回到你身上嗎？有哪些標籤是你不想要的？有哪些是你想要改變的？有哪些標籤是你覺得改變起來特別困難的？有哪些是你覺得可以試著改變看看的？

你可以在這個部分增加或減少標籤，甚至寫上新的標籤。

十、新自我：不論你有沒有做任何的調整和改變，也不論最後的「自我塔」與一開始是否相同，你都可以在調整幾次複習之後，重新檢視目前的「自我塔」，感覺剛剛這整個歷程當中，你的心情是什麼？想起了什麼？或是不想要想起什麼？你可以用錄音或筆記的方式記錄下來。

這十個步驟雖然有點漫長，但當你玩過一次之後，就會很清楚地感覺到現在你的生活當中，是什麼影響了你的自我概念，以及這些自我概念存在和不存在，如何撼動你想被愛，又害怕被愛的感受。

PART 3

無法共同成長的關係，一秒都嫌多

對於人際關係感到失望，
對於一段長久不變的感情感到灰心，
卻因為害怕受傷而選擇躲起來、恐懼改變……
這真的是你想要的生活嗎？

第10章

所有的關係，在開始的那一刻就已經結束了

有一次錄 Podcast 節目，與主持人王聰威總編輯聊到「變化」這件事，使我突然想起，多年前選填哲學系的理由。

當年考大學時，我的第一志願其實是政大教育系，原因很樸實無華，一是因為暗戀的女生想念政大；二是因為網路小說《貓空愛情故事》盛行，我嚮往故事裡環山道的路燈下那種美好；三是因為從小讀書，覺得當老師好像很威風。然而，想像總豐滿，現實卻骨感。當年的分數只撈到了哲學系，心儀的女生雖然在一起了，也只有短短兩個月的交往期。因為上了大學之後，大家的生活圈都變了調，感情並不是那麼容易維繫。

慶幸的是，當初「撈到」的哲學系，卻用一個概念改變了我的人生，解答了我從

青少年時期就一直存在的一個困擾：

如果所有的關係都有結束，不論是友情、親情或愛情都有可能變調，那麼我們為什麼要開始？而且，如果世界上什麼事情都會轉變，那最後留在手心裡的是什麼？世界上，有沒有什麼不會消失的人際關係？

這個煩惱在我心裡面卡了很久，但哲學系開學不久，我就讀到一個希臘哲學家赫拉克利特（Heraclitus）的論點，驚為天人。他說：「人不能踏進同一條河流兩次。」這位生性憂鬱的「泣之哲人」（Weeping Philosopher），提出的隱喻與悖論經常艱澀難懂。而那句話的意思大抵是：人體的每一個細胞分分秒秒都在變化，所以，你的腳「這一秒」已經和「上一秒」是截然不同的了；另一方面，河水也是川流不息，看似相同的一條河，「這一秒」已經和「上一秒」也是截然不同的。這就是為什麼你無法踏入同一條河流中兩次。以一首流行歌《路過人間》的歌詞來說，就是：「世上唯一不變，是人都善變。」

赫拉克利特的故事，我在很多地方都重複說過。但如同前述，「你無法講同一個故事兩次」。當我更理解赫拉克利特的生平，發現他雖然出身貴族，卻將繼承權讓位給兄弟，躲到處女神阿緹米斯（Artemis）的神殿中隱居，是一個沒什麼朋友，又有點憤世嫉俗的「宅宅」。晚年以草根度日，簞食瓢飲，最後得了水腫病，還肖想透過牛糞的熱度將自己身上水分蒸散掉，不料卻被野狗亂咬致死。再次講起這個故事時，又有了新的想法。

首先，我們無法踏如同一條河流兩次；世上唯一不變，是人都善變。因此，所有的關係在開始就結束了，什麼山盟海誓、永遠摯愛，就只有當下那一秒有效。

但如果你因此產生「社會退縮」（Social Withdrawal）[34]，因焦慮或預期損失而迴避社交互動，那麼很有可能會淪落到像赫拉克利特一樣，孤單並死於牛糞之中。

對於人際關係感到失望，對於一段長久不變的感情感到灰心，卻因為害怕受傷而選擇躲起來、恐懼改變。最後，你可能真的（如你所願地）不會因為人際關係而受傷，可是，這真的是你想要的生活嗎？

朋友間隱性的依賴陷阱

對於關係的不信任與不安感，其實也是一種隱性的依賴陷阱，這個陷阱並不是來自於兩個人的關係過度靠近，或者是一方控制，一方順從，彼此拔不開的狀況，而是來自於內心的「非理性信念」（Irrational Beliefs）[35]，包含：

- **完美主義信念：**相信一切都必須達到完美，無論是自己、他人，還是關係。
- **不可避免的失敗感：**預設任何努力最後都會以失敗告終，那乾脆一開始就放棄嘗試。
- **極端化思維：**將事物看得非黑即白，認為關係必須完美無缺，否則就一文不值。
- **過度負責感：**認為自己必須承擔所有關係中的問題和負面後果。

其中最核心的是「極端化思維」，認為所有的關係要長期持續下去，否則就是一文不值。雖然這個觀點可能源於內心當中許多的恐懼，但既然是非理性信念，就代表這可能會影響一個人的情緒、行為，甚至對自己的看法。

換言之，真正的陷阱並不是你和朋友之間的關係，而是你為了維繫這段關係，或是害怕這段關係結束所產生的僵化信念。它們綑綁了你，讓你進退維谷。

34｜指一個人因為焦慮或預期損失，而迴避社交互動。Teo, A. R., Fetters, M. D., Stufflebam, K., Tateno, M., Balhara, Y., Choi, T. Y., ... & Kato, T. A. (2015). Identification of the hikikomori syndrome of social withdrawal: Psychosocial features and treatment preferences in four countries. *International Journal of Social Psychiatry*, 61(1), 64-72.

35｜Edelstein, M. R. (2022, November 24). What Are Your Irrational Beliefs? Identifying your "B" through a three-minute exercise. *Psychology Today*. Retrieved from https://www.psychologytoday.com/us/blog/the-three-minute-therapist/202211/what-are-your-irrational-beliefs

改變這個非理性信念的一個關鍵，就是重新用不同的角度來檢視人際關係。想想那些曾經很好，但最後卻仍然失去的友情和或愛情。我們一起試試：

很多人到了一個歲數可能會覺得，自己再也沒有辦法經營像學生時代，沒有利益瓜葛、能天天相處、時時混在一起的人際關係。然而，想回到過去其實是種不切實際且沒有未來性的期待，就像簡媜說的：「每一滴酒都回不到最初的葡萄，我回不了年少。」[36]

聽起來有點悵然，但如果此刻要你重演學生時代的那種人際關係，你會想要嗎？每天泡在一起、無所事事，真的是你渴望的人生嗎？要兼顧家庭、小孩、工作，已經成為大人的你，真的嚮往年輕時的人際關係，再度重現在此刻身分多元的自己身上嗎？或許，比較務實的想法是：想想現在的自己，你想要什麼樣的人際關係。

你可能會想著，只要有開始，就會有結束。如果人際關係總會改變，那麼為何一開始兩個人要相遇、相識、相知相惜？這裡的「相遇」，可能是戀人，也可能是朋友，甚至是在職場上和你擦肩而過的人，可能你們有過一段邂逅，或曾經有些日子很深刻地交心，過了某個時間點之後，你們再也回不到原本那麼要好的時候了，但是這並不代表那時候你們所經歷的這一切是白雲蒼狗。反過來想應該是，你們都在彼此的生命裡面留下了重量，而且這個重量，會持續帶領著你，一直延續到後來的人生、後來的記憶。

這樣想一遍，你有不一樣的感覺嗎？我的想法是，或許多年以後，你還會想起某個晚上、某個星空、某次你們並肩走在河堤邊暢談、某次在居酒屋的酒酣耳熱，這些可能只有千年一瞬、不復以往的回憶，都是組成你的一部分。不會因為你們此去經年，變得更為熟悉，或更為疏遠，意義就增減一分一毫。

正因為這樣，其實你不需要為了那些曾經很要好，但最後消失的關係而感到過分惆悵，也不需為了擁有後會失去而感到恐懼。畢竟每一次的相遇，都是一期一會。

相遇本身即是意義

澳洲青少年自助網站「Reachout.com」發現，青少年很容易因為「友情變調了」而

36—《水問》，簡媜著，洪範出版。

感到惆悵，於是提出了「應對友誼變化的四步驟」[37]：

一、**給予時間：**隨著生活階段的改變，如畢業、工作或新的人際關係等，與朋友的相聚變得困難或不再可能，此時可以給予自己和他人時間去適應這些變化，並透過反思來理解友誼對自己的意義，調整對友誼的期望。

二、**從不同角度看待現狀：**當朋友突然消失在生活中時，可能會感到被遺棄，或懷疑是否自己被背叛了，但這不一定是真的。你可以從不同的視角理解友誼的變化，例如考慮對方的生活變化，並嘗試重新連結舊朋友，或擴大社交圈，藉以獲得新的視角和社會支持。

三、**分享自己的感受：**面對變化時，與他人談論自己的感受可以減輕壓力。你可以和可信賴的朋友、家人、輔導老師、諮商師分享感受，或者透過寫作來表達自己的情緒，幫助處理這些變化帶來的情感。

四、**結交新朋友：**結識新朋友雖然挑戰重重，特別是得克服初次見面的尷尬感，但這是一個值得嘗試的好主意。生活中處處充滿了認識新朋友的機會，無論是透過工作、興趣還是學習，條條道路通羅馬。面對社交場合，會緊張很正常，但透過主動提問和展現對他人的關心，可以有效地建立新的友誼。

基於文化差異，我認為這四則方法並不適合隨意使用，比較建議這麼做：先和朋友分享自己的感受，尤其是和你變得疏遠、不再能像過去一樣依賴的朋友。接著，你可以試著在與朋友溝通前後，嘗試用不同的角度來看待你們現在的關係，可能的話，協商出一個雙方都能夠接受的改變方法，並且給予彼此時間。最後，當你發現兩人已經走到了關係中的某個階段，無法再往前推進了，那麼結交新朋友也是一個選擇。

我想起一段自己的故事。前陣子我和一個很久沒見面的朋友聊天，上次見面幾乎是高中時期的事情，當時我們很要好，每天會一起去合作社買便當，兩個人分著吃，省下來的錢就拿去打網咖（是那時候很流行的一個休閒活動），還經常蹺掉補習班的課程，就為了一整個晚上的愉快休閒。

有些時候我們走在一起，會聊遊戲裡面的配點模式、打怪的方法。有時會聊我的感情，或是他的感情。還有一些時候，我會講自己家裡面的事情，他也會分享他和妹妹相處的困難。我們曾經有一段時間非常親近，但是再次見面，我似乎從未真正認識

37 | ReachOut.com. (n.d.). 4 steps for coping with changing friendships. Retrieved from https://au.reachout.com/articles/4-steps-for-coping-with-changing-friendships

這個人。以往時間，我們的友誼是建立於一起玩遊戲上，現在一個穿著西裝、體型比高中時還要纖瘦的他坐在我面前，我反而不知道要說什麼。

回想起那段時間，我覺得自己很依賴他，因為當時班上沒有太多的男生習慣和我這種有點陰柔氣質、不太打籃球、不喜歡罵髒話的「乖學生」當朋友，所以我必須找到一個可以「棲息」的地方。和我一樣喜歡玩線上遊戲的他，就成為一個讓我可以依靠的對象。分組的時候至少覺得自己不是孤單一人，吃飯的時候有人一起聊天，說穿了，就是一種歸屬感。

如果抽離那些讓我們相遇的背景條件，似乎一切都會有很大的不同。而當我們重逢的時候，兩人對坐，四目相覷，比起熟悉，更多的是焦慮。在那一刻，我才突然驚覺，原來我們沒有真正地認識彼此，只是因為一時的孤單、遊戲的陪伴，讓我們彼此成為當時生命當中重要的那個人。但離開了那個時間點，彼此之間，似乎漸行漸遠。

我有點疏離地問了一句：「那你這次找我來，是為了……？」聽完了他的回答，才知道當年我們那看似以遊戲為基礎的關係，似乎有對他留下了一些什麼。這也是為什麼，他在茫茫人海當中，選擇了多年沒見的我聊天。

他對我說，當爸爸之後這幾年，突然覺得所有時間都被抽走了，嚴重的睡眠不足、工作家庭兩頭燒，生活好像積木堆疊起來，才突然開始懷念起當時我們可以每天打電動的那種美好。

我給他看網路上的一段搞笑短片：主角乘著電扶梯，用一種哀傷的眼神看著反方向電扶梯上的夫妻，妻子手上抱著小孩，先生手上抱著一大疊尿布和奶粉，一臉哀怨。鏡頭轉換到主角這邊，他手上抱著PS5遊戲機，露出一種滿意而自在的微笑。

我和他一起笑了，這種感覺有點像是當時一起打電動的時光。這個人在某個地方是與你在一起的，儘管你們已經有好多好多地方都已經疏遠了。

然後我們聊到了最近的生活、各種壓力，還有如何後悔當爸爸，可是又覺得當了爸爸之後，有許多以前沒經歷過的美好事物發生。我開始對於一開始問的那句話感到慚愧，原來他這次想與我見面，並不是為了什麼特別的目的，或者是說，他的目的就是為了見我，與我分享他這段時間以來有點低落，但又不知該如何排解的那種無奈。我不需要提供什麼建議，只需要聽他說一說，有時候也聊聊我自己的人生，光是這樣的相遇，就是一種很特別的緣分。

最後，我們談到關係嬗遞這件事情。其實很少有機會可以與人深談到一場關係的狀態，尤其是男生與男生之間，更不容易開口。我對他分享再次見面的感受，連那些很尷尬、很卡的感覺都一起講了出來。他笑了一下，說他有類似的感覺，但不知道為什麼，在婚姻和育兒上遇到狀況的時候，第一秒想到要講的人就是我，儘管我沒有結婚，也沒有小孩。

我心裡面本來想要再問他，之後還會有機會碰面嗎？但在我開口之前，突然想起

「從不同角度看待情況」這件事情，或許我們的感情並沒有因為這段時間沒聯繫而消失，而是用另一種比較抽象的層次存在，也或許在這次碰面結束，下次的相遇是十年、二十年，甚至可能是葬禮，但這並不妨礙我們曾經共度那些時間本來的意義。

最後，我並沒有問出口。因為這次的相遇，一方面是與老朋友見面，另一方面也似乎結交了一個「新的朋友」，我好像還需要一點時間去適應這個新的關係。

透過我的故事，還有前面提到的「應對友誼變化的四步驟」，你想到了什麼？心裡又有一些什麼感受？如果你「依賴」的對象是某個朋友，那當你們的關係產生變化的時候，你又如何從自身情緒的陷阱中掙脫？

季節限定的關係

在這一章最後，我想要提一個很特殊的關係型態，叫「情境關係」或「模糊關係」（Situationship）[38]，這是指一種介於友情和戀愛之間，沒有明確界定的浪漫關係，或是不承諾的「約會關係」（Dating Relationship）。在關係中的雙方，可能享受彼此的陪伴和親密，卻並非認定彼此是「男／女朋友」或「伴侶」。不討論未來，不完全融入對方的生活中，也不一定會見到對方的家人或朋友。這種關係的特色如下：

- **缺乏標籤或專一性：**你們不是彼此的誰，常常會有一種無以名狀的悲傷。
- **界限不明確：**沒說好彼此能做什麼和不能做什麼，介於灰色地帶。
- **溝通表淺或不規則：**你們接吻、擁抱、上床，可是不會討論到太深刻的話題。他可能避而不談，你也擔心說破之後一場空，所以就維持現狀，但在這個表面下，你們都知道有很多不可以碰觸的東西，像玻璃一樣危險。
- **缺乏彼此生活的融入：**這像是一種真空的關係，為了維持危險平衡，你們盡量不打擾彼此的生活圈。或許只在床上或特定空間見面，就算聊天很深度，但也盡量不涉及現實世界所認識的人、事、物。
- **關係不成長也不結束：**這也是一種擱淺的關係。兩個人沒有未來，對於之後的關係有許多的不確定性，日子裡面只剩當下，但其實彼此都有一些焦慮。你可能想著：「那以後呢？那我們之間是什麼？」像是卡在岸邊的浮木，暫時安穩又捨不得變動。而當你想要和對方進一步討論未來的時候，對方可能不一定會想要改變。彼此間都不知道改變和成長的意義是什麼。

38 | Jennice Vilhauer, (2024). Why Situationships Rarely Evolve Into Relationships For relationships to form, right conditions must be met. *Psychology Today*. Retrieved from https://www.psychologytoday.com/za/blog/living-forward/202401/why-situationships-rarely-evolve-into-relationships

讓我們來看一段「季節限定關係」的故事：

我與他相遇是在一個法國的小鎮，那時候我們一起參加酒莊巡禮，一路到訪了許多不同的酒莊，品飲當地職人釀的葡萄酒，搭配起司和紅肉，度過了美麗的下午茶和晚餐時光。

他是自由工程師，大學畢業後就出國工作，先後去了中國、印度、牙買加、中南美洲等，與他在一起完全不會無聊，他總是有說不完的故事、談不完的話題。相形之下，我講的反而比較少，前一段感情的傷口，讓我不是那麼容易相信別人，儘管如此，我還是被他深邃的眼睛和高挺的鼻子，以及微微隆起的胸膛給吸引，淪陷了幾個晚上。

離開酒莊之後，我們在車站告別，我說下一站會去西班牙，他說他剛好也要去南歐走一趟。如果有機會，我們可以在西班牙相遇。

然而，西班牙是個很大的地方，我在那裡待了幾天，逛市集、買水果、晒太陽、到海邊看日落。徒步走過好幾個城鎮，心裡卻一直掛念著法國的小鎮。我在想，是不是要傳訊息給他，問他到哪裡了，但遲遲無法按下「送出」。朋友都說我「暈船」了，但我否認，畢竟我們根本就沒有開始，要如何結束？又沒有說好任何承諾，彼此是心甘情願的。換了旅行的地點，不再相遇，也只是剛好，我到底貪戀著什麼？

在西班牙倒數兩天，我終於鼓起勇氣，傳訊息問他是否會過來。他告訴我臨時改變了想法，想去義大利走走看看。我看到他在社群上與其他女生親密打卡的照片，內心升起了一股厭惡感，這個討厭的感覺不只是針對他，也是針對我自己。我開始怨恨自己為什麼會對一場露水姻緣動這麼大的感情？於是我連續兩晚都跑到酒吧，和不同的男人回家，有了幾次新的體驗。

經過這一次看似荒唐的旅行，我發現某種程度上我們只是在「情境」當中各取所需而已，而那些讓我很感動的故事，很可能只是這個情境底下的調味料。回到台灣之後，我開始進入工作常軌，和原本生活圈的朋友見面，終於明白，其實我根本不了解他，那些他說的故事、他經歷的生活、到各地旅遊遇見的人們，沒有一個是我認識的。再隔了一段時間，我終於明白這是一段「季節限定」的戀情，也或許是因為季節限定，才讓它變得如此浪漫和難以忘懷。

這是我朋友 Grace 的故事。她從所謂的「暈船」到「下船」，一直到最後給這段關係一個浪漫的詮釋，從頭到尾大概花了兩年半。

當我們再次回首，聊到這段戀情的時候，我發現大概不脫離這三點：

一、**情境因素是什麼？**可能是法國這個浪漫的地方，可能是一瓶又一瓶香醇的美酒，也可能是自己剛分手，內心那種空空的感覺，想要被一些東西填滿。

二、**兩人之間到底交易什麼？**除了性的欲望，也可能是有關感情的浪漫劇本。Grace 能夠在那段法國小鎮之旅中手牽手，一起經歷一場莎士比亞式的戀愛劇，在這個劇本裡擔任主角。

三、**這個劇本是什麼呢？**也許是透過對方描述的世界，終於可以去一些這輩子難有機會抵達的地方走走，看看那些不曾看過的風景。換句話說，對方的存在並不只是戀愛而已，更有可能是一種未實現的自我。

這個故事或許可以當作你面對「情境關係」的一道思考。當你遇上這種關係，並困惑於彼此究竟是為了什麼留下來、為了什麼而不願意改變，或為了什麼曾經這麼親密，後來卻分開，你可以給自己一點理由和意義感。或許這沒辦法協助你從「船上」下來，但你至少可以用不同角度去觀看，你們這段時間所經歷的種種事情。

變化無常的關係，裡面隱藏著許多非理性信念的陷阱，與這同樣辛苦的是另一種隱性的關係——**食之無味，棄之可惜，無法脫離的舒適圈**。我們將在下一章看見那樣的關係，那是一種無形的捆綁，但這個捆綁，又有一種吸引力。

第11章

舒適圈之愛——那些沒有不好，也不算很好的關係

在爬梳前一章「情境關係」的時候，我意外地從珍妮絲・維爾豪爾（Jennice Vilhauer）博士的研究中讀到一個很有趣的觀點：**關係的經營就像是烤蛋糕，如果不曉得對方是什麼原料，那麼有可能搞到最後彼此都辛苦，卻還是搞砸。**[39]

當一段關係裡面涉及性的成分，但又缺乏明確定義和承諾的時候，這種模糊不確定性，一方面會讓你感覺到焦慮不安，另外一方面，也可能會讓你對於什麼是「你想

39 | Jennice Vilhauer (2024, March 26). Why Situationships Rarely Evolve Into Relationships.For relationships to form, right conditions must be met.Psychology Today. https://www.psychologytoday.com/za/blog/living-forward/202401/why-situationships-rarely-evolve-into-relationships

要的關係」感到困惑。我認為，如果這種模糊不定的關係延續一、兩年，甚至更久的時間，你很有可能會進入下一個更難以逃脫的依賴陷阱。我給它一個名字，叫「舒適圈關係」。

舒適圈指的是我們的生活或工作當中，一些符合自己習慣的領域。在這裡，你不需要耗費太多力氣，就做日常習慣做的事情，很安逸地生活。但之所以叫舒適圈，就代表你意識到——這個世界有舒適圈以外的地方存在。

這個意識往往是來自於幾個常見的狀況：

- 你對現在的自己並不滿意。
- 你對改變和未來感到害怕。
- 你不相信自己有能力去挑戰其他可能性，可是現在的這個圈子，有些部分沒辦法滿足你自我成長的需求。

綜合這幾點，你可能會一方面待在舒適圈裡面，但一方面又看著舒適圈的外面，想像著自己可能的轉變，困惑於自己為什麼一成不變，但又沒有有勇氣跨出一步。

將這樣的情形延續到人際關係當中，如果有一些關係是你相對不需要花太多力氣，反而要你做任何的改變或移動，才會讓人痛苦萬分，就是舒適圈關係。隨著時間，你會慢慢覺得這段關係並不能滿足你的所有需求，屆時你很可能就會想要嘗試從舒適圈裡走出來。

溫水煮青蛙的陷阱

那麼，為什麼說情境關係很有可能進入舒適圈關係，變成更複雜的陷阱呢？根據珍妮絲·維爾豪爾的觀點，一段情境關係可能會讓我們無意識地沉醉在「不仔細思考自己是什麼原料，就把自己和對方湊在一起做蛋糕」的窘境，而這個窘境一開始是不知不覺的，隨著時間慢慢有感覺後，由於彼此已經形成了某種依賴，你無法從中把自己抽離開來，形成更複雜的依賴陷阱。

這些不知不覺的窘境包含：

- 還沒有準備好要建立關係。例如還在尋找約會，或隨意交友聊聊。
- 沒有時間好好經營一段關係。例如現在的人生目標可能主要核心放在工作上，感情只是一個調劑。
- 不相信愛是值得的。包含不相信自己值得被愛，或者是不相信對方是值得建立關係的。

- 用很低的努力來換取關係的好處。包含很少的時間、很即時的性愛，或者不會對未來做出任何承諾。
- 想要保有選擇的自由性，不把關係說死，不定義彼此的狀態。這看起來好像得到某種自由，實際上卻是被這個假象的自由給捆綁。

當然，一方想要持續這段關係，但另一方選擇逃避，主要的原因是來自於兩個人對關係的期待有所不同。如果兩個人一開始都講好要一段短期的約會關係，保持在這條平行線的左右邊，通常不會有太多問題。最怕的是，其中一個人跨越了線，另外一個人還沒有想要跨過這條線，這個期待的不對等，就會開始產生關係裡面的不平衡。

在珍妮絲．維爾豪爾的「烤箱理論」當中，並不只是要你去思考你和對方是什麼「材料」（這是指你們的價值觀、對未來的看法、你的個性和人格特質等），還指出了到底什麼是「烤箱」（是什麼真的讓你們的感情好好加溫），包含彼此之間的信任、安全感、允許彼此脆弱、同樣的意願、樂於表達和討論彼此的感受等。

如果你和對方一直無法敞開心房，總是很表淺地過日子，那就像是一碗混合完的蛋糕原料，放了很久，卻從來沒有送進烤箱，不但沒有辦法變成蛋糕，還有可能會酸臭、變質。而你已經花了這麼多心思在準備這個蛋糕，丟掉覺得可惜，於是就捧著一碗已經發酸的原料，站在原地，動彈不得。這就是更複雜的依賴陷阱——你依賴的並不是非理性信念，也不是彼此之間「一人依靠，一人拯救」的依賴關係，而是一種沉沒成本。這個沉沒成本就像是巨大的流沙，把你不斷地往下拖，深不見底又無處可逃。

如何烤出美味關係？

那麼，早點討論彼此的關係狀態、早一點開誠布公地說出自己的需求，就不會陷入這種蛋糕原料壞掉的情況嗎？

其實，真正的重點是，你必須先知道你們在這段關係裡面已經添加了什麼，或現在是製作過程的哪一個階段，還要衡量蛋糕需要烤多久，就算已經進入烤箱，你也要給這個蛋糕時間。當你太心急想要吃到蛋糕，或者是烤到忘記拿出，一樣會得到糟糕的產品——半生不熟或是燒焦的四不像。

延伸珍妮絲．維爾豪爾的理論，我認為走出舒適圈之愛的「烤箱法則」，包含下列步驟：

一、**找到恰當的原料：**你可能要知道自己是什麼原料，以及知道對方是什麼原料，也就是了解自己，也了解對方。

具體來說，你可以觀察在不同情境下的你，所展現的個性和特質是什麼，同樣的，觀察他在不同的環境會呈現出什麼樣的面貌。當他遇到一些不滿意或者是和他價值觀不一樣的事情的時候，會暴怒嗎？他暴怒的時候，你會因為委屈而不說出自己的需求嗎？當你對於這段關係感到困惑和不解的時候，你敢講出心裡的感受嗎？他能聽進去你所說的話嗎？

這些在不同情境下所展現的部分，可以看出彼此到底是胡椒、鹽巴、還是咖哩粉。倘若你能夠花時間好好觀察留意這些細節，或許會發現：某些人就是咖哩粉，香味濃厚，而且有多種層次，但他實在難以與任何人做成一個蛋糕。

二、**做適當的比例混合**：這就像跳舞一樣，有時候你前進兩步，他就要後退兩步，如果他和你不同步，就很容易踩傷彼此的腳。

以關係當中的不安為例，當他和其他的對象有更親近的互動，而你覺得吃醋或在意的時候，你要表達多少「比例」的情緒、多少比例的「理性」，他才能夠聽進去？而如果對方聽不進去，你要等待多少時間，或者是抽掉多少的情緒，對方才能夠「溶解」你的話？又要等多久，看到哪些徵兆，你才願意雙手一攤，放棄這個「材料」？

三、**放入烤箱的時機**：倘若你剛結束一段戀情、和重要的朋友吵架導致心情低落，或者是剛離家出走，此時的你，似乎不是一個適當的放入烤箱的時機，有可能和任何的對象攪和在一起，都會很急著想要「定型」，透過這段關係，來彌補自我的破碎和不確定感。

同樣的，若對方剛經歷了一段失戀也不適合，或者他同時在和別人一起做蛋糕，那代表他能花在你身上的時間和原料是比較少的，這時候你要考量的是，真的要放進烤箱嗎？真的要把自己的脆弱告訴對方嗎？你打算等他多久的時間？

四、放進什麼烤箱：烤箱百百款，有些會烤出嫉妒，有些會烤出創傷，還有一些烤箱，你以為溫度足夠，但放著一陣子，才發現那根本就不是烤箱，是果乾機，把你的靈魂和能量都榨乾了！當你回過頭來，才發現原先擁有的美好原料，都付之一炬。

五、要烤多久：就算你前面的步驟通通都沒問題，你也要留心每一次燒烤的時間，比如要呈現多少的脆弱，願意交付給對方多少的信任，你們花多少時間來討論彼此的關係，以及他能夠走到你內心多深的地方。這些都相當重要，卻也過猶不及。如果你一天到晚都在與對方討論「我們之間的關係」，對方很可能會覺得壓力很大，但如果你們從來都不討論，很可能會成為空洞的關係。

六、有沒有勇氣放棄那燒焦的蛋糕：這是所有步驟當中最困難的一個，許多人處在一段關係當中許久，以為自己擁有的是一個美味可口的蛋糕，但打開烤箱才發現，原來這是一個「不是很好吃，也不是很難吃」的蛋糕。是否要一輩子都吃這樣勉強的蛋糕呢？這時候就要開始思考：我要放棄這個蛋糕？還是重新添加原料，再來一次？

這真的相當困難，如果你已經投入許多，我只能告訴你：「施主，這個問題你還是得問問自己的心，試著感受看看，繼續下去，它是快樂還是委屈？」

在關係的廚房裡，我們每個人都是自己的廚師，手中握著獨一無二的食譜和原料，準備「入箱烘烤」。了解彼此的原料、適時調整比例、選擇正確的時機，以及勇於面對烤焦的蛋糕，都是烘焙成功的關鍵。

過程中，或許我們會遇到不完美的蛋糕，甚至是燒焦的失敗作品。而當我們勇於嘗試，不怕重來，每一次的嘗試都會讓我們更接近心中理想的美味。

只是，舒適圈的依賴陷阱，並不只存在於愛情當中，也存在於家人、朋友，甚至是職場裡頭……

第12章

家庭、感情與職場中的依賴陷阱

前一章說的舒適圈，是指一個人在這個圈子裡面會感覺到安全、自在，擁有相對比較低的壓力。在圈子當中，我們可以用過往習慣的活動範圍和思維模式來生活，可以逃避你想逃避的東西，不去挑戰那些未知與恐懼。去做那些你知識與能力所能及的事情，不需要面對新的事物和不確定性。

做那些和你知識與能力所能及的事情的「好處」包含：

- **熟悉性：**從事的活動或行為是你所熟悉的，不需要新的學習或適應。
- **低風險感知：**感知到的風險和不確定性較低，較少經歷焦慮或恐懼。
- **情緒穩定性：**舒適圈提供了一種情緒上的穩定和安全感，在這個範圍內，你會感到較少的心理壓力和情緒波動。

- **避免挑戰：**還記得第4章提過的「恆定性」嗎？人類會避免去經歷不確定性或失敗的風險。
- **自我限制：**長期處於舒適圈內，可能會長出「限制性信念」（Limiting Beliefs）[40]，覺得自己無法成功地面對新挑戰，或學習新技能。

如果根據前述五點定義，「舒適圈」應該是個讓你感覺到熟悉、沒有壓力、沒有風險，還能讓你的情緒很穩定，不需要任何挑戰，唯一的缺點是會有自我限制的情況——真的是這樣嗎？我的想法是，雖然舒適圈關係的確會讓你感到熟悉而安穩，但實際上在關係當中的時時刻刻，你仍然會感覺到壓力，這個壓力是源於你心中對於自己理想狀態的期待：**我不想這樣，但我沒有勇氣改變。維持現狀會讓我覺得舒服，但同時也讓我覺得好不舒服。**

家人的依賴陷阱

最常見的狀況出現在家人關係裡。你可能與家人維持一種若即若離的關係，或大部分的時候很疏遠，有事的時候才見面。一開始你以為，這樣的方式是保障自己的身心安全，不再被他們許多的情緒起伏影響，不再時不時地被「情緒勒索」，的確，這也讓你的身心健康維持在一定的水平。但不知道為什麼，有時候仍會覺得孤單。

最常見的情況是，當你發現其中一個家人將不久於世，你的內心會有許多複雜的感受。你開始會困惑，自己該不該回去陪伴？如果回去，會受到他的情緒影響，但如果不回去，會不會太不孝？如果維持現狀，偶爾才回去，會不會下次回去的時候，就已經來不及了？

在這幾個選項反覆掙扎的時候，可能你最後選擇的是維持現狀，最少的改變，最低的風險，但其實你心裡面很知道，好像有一部分的自己想要再多做點什麼，或想要多改變你和家人之間的關係一點點，只是你對於自己的改變沒有信心。這樣的窘境，就是「家人的舒適圈關係」常見的樣態。

朋友的依賴陷阱

同樣的狀況也產生在和你很要好的朋友身上，尤其是已經維持很長一段時間，彼

40 | Meadows, M. (2015). Confidence: How to overcome your limiting beliefs and achieve your goals. Meadows Publishing.

此對於這種相處模式已經有一種依賴性，但又覺得哪裡不太對勁的友情當中。讓我們來看看這個故事：

Jeff和Nelly每個星期五晚上會到公司附近的酒吧喝酒。他們自大學認識，畢業之後也一起在信義區找到工作。Jeff下班的時間早了一點，他通常會先去酒吧等Nelly，等到Nelly來了之後，兩人一如既往地聊聊這個星期公司又發生了什麼鳥事，偶爾會分享有關大學同學的那些老舊話題。這樣的關係從大學畢業以後，仍持續了幾年。

一開始，Jeff覺得這樣好像不錯，有人可以陪自己吃晚餐，但隨著時間，他發現好像有一點空洞，講差不多的笑話，聊差不多的內容，有些時候甚至在Nelly要回答什麼，他都可以猜得到。

有一次，Jeff想聊聊新的話題，談到自己最近買了新的單眼相機，也想去參加工作坊，但Nelly只是敷衍地說：「真的嗎？我以前也想學攝影。」很快就帶到自己最近在看的動畫，以及兩個人過去習慣談的二次元話題。Jeff在當下有一種感覺是：會不會自己想要讓關係前進，但Nelly其實根本不想要。

仔細思考，Jeff發現，其實自己對於Nelly的成長環境幾乎一無所知，Nelly好像只分享他的興趣，但對於兩個人本身並不太感興趣，尤其是當Jeff想要談一些更深入的話題，例如感情、和家人的關係等，Nelly 就會想方設法地「逃跑」。

有一次，Jeff 提議週末一起去擎天崗走走，但 Nelly 直接拒絕，他覺得自己在週末已經安排好了耍廢計畫，打算一整天在家裡面打《艾爾登法環》（*Elden Ring*）。如果是以前，Jeff 可能會想要一起上線玩，但這一次，他有種很不一樣的感覺——如果兩個人繼續待在電玩、動漫有關的環境裡面，他們終將無法回到現實世界當中。

透過 Jeff 和 Nelly 的故事，你可以把電玩、動漫替換成任何既定的舒適圈，例如職場同事就只會聊工作經、家人之間就只會數落某一個手足等，這些「習慣性話題」往往會串聯兩個人的關係持續一段很長的時間，只要待在這個話題裡面，兩個人都得到某種程度的安穩。可是在同樣的圈圈裡面打轉，缺乏挑戰和新鮮感，很可能會有一方感覺到挫折。

關係的核心就在於，維持穩定的同時，又能夠有一些新鮮的事情發生。這也意味著，當你的習慣和冒險之間失去平衡的時候，你會覺得當前的關係像是卡住了。想要做一些調整和改變，但總覺得做什麼都好像有點風險。

這樣的舒適圈，實際上就是一個依賴陷阱，**你依賴的是你和他之間，你們所熟悉的那種關係型態**。可能看起來好像很深入，但其實只是單方面的輸入或輸出。這其實是某一種毒藥，讓你不敢做出任何改變。

職場的依賴陷阱

職場上的依賴陷阱，指的是你和同事在工作上合作無間，做的都是你們覺得駕輕就熟的事情，還可以一邊上班，一邊摸魚，或許主管不會交代給你太困難的工作，你也不會主動想要去「挑戰」，一開始可能會覺得輕鬆簡單，但日子一天天過，你會發現自己沒有新的成就感，也沒有學到任何新的技能。41

在這裡，你依賴的不只是舒適圈本身，更有可能是和你一起構築這個舒適圈的人——那些讓工作變少、事情變簡單的主管或同事。

一個常見的例子是，某些公家單位可能會選擇不更新系統，持續用舊的電腦作業系統，忍受著各種不相容或者怠速的功能。如果認真想想就會知道，可能幾年下來，這浪費的時間比系統更新還多，但就是有些組織，會選擇這種拖延、不改變的模式，寧可累積每一天可見的小麻煩，也不願冒險嘗試新的麻煩。

還有一種文化是，能夠少一件事情，就少一件事情。例如：某部門同事都只使出百分之五十的效率，只要有任何人做到百分之六十的效率，就會遭到同事們白眼，因為這意味著這個部門可以處理更多的事情。為了避免事情不斷地湧進來，或為了維持每天悠閑的氣氛，大家就拿一半的心力來上工就好。

當然，每個人在人生不同的階段，想要選擇的生活重心是不同的。倘若這個部門有八、九成的人都工作多年，也沒有太多複雜的人事變動，表示這是一個可以「養老」的工作。還在衝刺的你，可能無法從中得到成就感，但你或許可以利用上班以外的時間，做你覺得有興趣的事情。而在此時此刻，你可能要思考的是：我想要繼續待在這樣的地方嗎？

走出舒適圈的依賴陷阱

回到前一章「烤箱」的比喻，比起丟棄壞掉的蛋糕，有些人會選擇繼續把它吃進肚子裡。轉換成關係當中，即是指：你雖然知道現在的關係型態並不是你想要的，但

41 研究顯示，工作過於「無聊」（Boredom）的話，也容易出現「工作倦怠」（Burnout）的狀況。Harju, L. K., Van Hootegem, A., & De Witte, H. (2022). Bored or burning out? Reciprocal effects between job stressors, boredom and burnout. Journal of Vocational Behavior, 139, 103807.

因為太害怕未知，擔心如果改變，會連朋友、家人、同事都做不成，所以選擇維持現狀。可是內心裡有另外一個自己，是對於現狀很不滿的。當你選擇待在舒適圈裡面的時候，某種程度上就是愧對了「這一個部分」的你自己。

這裡的「部分」（Parts），引自里查．史華茲（Richard C. Schwartz）的「內在家庭系統理論」（Internal Family Systems Model，簡稱ＩＦＳ）[42]。

ＩＦＳ模式認為，每個人的內心都由多個具有不同思想、情感和態度的「部分」組成，這些內在部分相互作用，形成了一個內在系統，類似於一個家庭。也就是說，你的心裡面住著不同個性的自己，有些比較保守，有些比較冒險，有些慈悲為懷又善良，還有些很嚴厲和過度追求完美。這些部分通常是你所經歷過的種種人際關係在心靈當中的投射，所以你可以想像，自己心中有一個嚴厲的父親、情緒化的母親、膽小的同學、不服輸的大姐等。

所以，如果要走出舒適圈的依賴陷阱，那麼就要學會聆聽內心當中那些想要冒險、想要嘗試新的生活的「部分」的聲音，聽聽看他們在說什麼，他們想要怎樣的關係。在下一章，我想帶你看懂最常見的三個「部分」，以及如何調整他們在我們生命當中的比重，讓你逐漸願意打從心裡放下那個壞掉的蛋糕（關係），烤一個新的！

第13章

渴望答案的你，真正需要的其實是平衡

把失望和心碎握在手中，就如同人在大病初癒後，因為擔心再次生病，而把自己留在醫院一樣……不要因為別人的錯誤或疏失，就剝奪自己再次尋找愛的機會。正所謂一種米養百種人，這世上有壞人，也有好人，如果你一直無法放下不快樂的過去，你可能就永遠遇不到好人。

——Sir Stanley Ekezie[43]

42｜Schwartz, R. C. (1999). The internal family systems model. The plural self: Multiplicity in everyday life, 238-253.

43｜Ekezie, S. S. (2019, December 4). Loves Starts in a Vacuum. Medium. https://medium.com/@stanekezieksc/loves-starts-in-a-vacuum-14d30ac7edf5

這段話是我偶然在網路上看到的，我很喜歡作者使用「大病初癒」的比喻，也讓我聯想到舒適圈的依賴陷阱。如果我們總是懷抱著擔憂，想著跨出舒適圈後那些冒險和不可預期的事情有多麼可怕，那就像是一直住在醫院裡頭，永遠也無法自由生活。

要過踏實安心的日子，第一步就是把內在不同部分的自己，一個一個撿回來。許多人在感到困頓的時候，會四處求神問卜，尋找答案，但許多時候，那些答案原本就存在於我們的心裡。當你能夠探索心裡的每一個角落，那些原本沒有被你看見和承認的部分一旦浮現出來，答案也會變得清澈明朗起來。

那麼，如何撿回你藏在心裡，又渴望被看見的部分呢？

利用IFS，抵達內心的平衡

里查·史華茲認為，我們的內在家庭有許多不同的部分，通常可以分為三種類型，包括「管理者」（Managers）、「流亡者」（Exiles）與「消防員」（Firefighters）[44]：

- **管理者**：負責維持日常生活的秩序，保護個體不受內在痛苦的影響。
- **流亡者**：被壓抑的部分，常常承載著痛苦和創傷。

- **消防員：**在壓力或情緒困擾時出現，透過衝動行為來分散或緩解痛苦。

除了這些部分，還有一個稱為「真我」（Self）的核心存在，具有領導和協調內在部分的能力。真我是一個具有自信、好奇、冷靜和連接性質的中心，當他處於領導位置時，能夠和內在的各個部分和諧相處。

你之所以能夠一直待在一段舒服，但同時又缺乏成長性的關係當中，是因為你被心中的管理者所掌控。他就像是主謀一樣，想要維持一切的平衡，保護你不會承受過多的痛苦。所以，當你每一次想要跨出一步，做出任何改變的時候，他就會拿出盾牌，阻擋你前進。

然而，你心中還有其他的部分，流亡者可能就是過去內在的創傷，這些創傷使得我們對於變化和不確定充滿種種恐懼。管理者某些時候為了保護流亡者，不希望那些難受的感覺再次暴露在關係裡面。兩者「手牽手」，合力讓我們維持在舒適圈的依賴陷

44 Schwartz, R. (2021). No bad parts: Healing trauma and restoring wholeness with the internal family systems model. Sounds True. 當然，每個人心中還會有許多不同的「部分」，想進一步了解，可以參考里查・史華茲《脆弱卻驚人的內在力量》（*Introduction to Internal Family System*），以及留佩萱《擁抱你的內在家庭》兩書。

阱當中，這也就是所謂的抗拒改變。

如果在與朋友、伴侶、家庭或是職場的關係當中，有任何讓你覺得「這樣下去不太對」的情形出現，那麼你會處於一種很矛盾的狀態。一方面，你明明知道在那下面有些什麼，卻選擇用逃避的方式維持現狀，就是為了避免那些過往的傷口浮到檯面上來，另外一方面，維持現狀又讓你討厭現在這樣的自己。你可能會上網尋求各種課程，或者拿起這本書，希望變成二・〇版本的自己。而這個「去買書、買課程的你」，就是你心中的消防員，他再也看不下去了，他想要緩解那個不一致的痛苦，所以想要付出點什麼，只是管理者和流亡者不一定會讓他得逞。

IFS認為，如果你希望自己在舒適圈和冒險當中取得某種平衡，一點一點地走出依賴陷阱，那麼你就要請出「真我」，試著用它來認識心裡各種不同的部分。注意，這並不是說你要讓哪一個部分的你消失，單純只是邀請你去認識和理解這些部分。這聽起來有點抽象，但如果你真心地去認識這些部分，會發現他們身上都有可愛的地方。此後，不論你維持現狀或者是開始改變，這些內在的衝突都會開始產生變化，你也不會那麼不舒服。

還記得Jeff和Nelly的友誼故事嗎（請參第12章）？讓我們一起陪Jeff看見這些不同的部分：

概念	內容	具體作法
認識並接納你的內在部分	包含：維持舒適圈狀態的管理者、因恐懼變化而被壓抑的流亡者、做出反應的消防員等。	Jeff可以利用日記或錄音，具體描述描述他在和 Nelly 互動時感覺到的各種內在部分。例如：當他想要和 Nelly 談論新的話題但被敷衍時，可以記下自己當時的感受和內在哪些「部分」起了作用。
與內在部分建立關係	與這些內在部分進行對話，展現出對他們的好奇心和同理心，聽取他們的擔憂，並試著了解他們為什麼想「保持現狀」。	Jeff可以畫一張圖，把這些角色呈現出來。一邊畫，一邊與自己內在那些想要保持現狀的管理者進行對話，問他們為什麼害怕改變，並與那些感到受傷害和被忽略的流亡者溝通，給予他們安慰和理解。
提升真我的覺察力	練習自我覺察、自我接納和自我慈悲（請參第2章）。	Jeff可以利用第三人稱的觀點來觀察自己，想像你是自己的父母，會如何溫柔地對待這些管理者、流亡者。
重塑內在部分	將那些維持舒適圈的管理者部分轉化為支持變化和成長的力量，用更健康的策略來滿足這些部分的需求。	Jeff可以嘗試「部分改變」與 Nelly 的互動模式。例如：一起去攝影展，而不一定要去攝影；或一邊出遊，在車程中一起打電玩。

處理和療癒流亡者	試著關心那些承載著恐懼和不安的流亡者，回顧過去的經歷，並從中釋放和轉化痛苦。	為了幫流亡者發聲，Jeff可以向Nelly表達他對於目前關係狀態的真實感受，包括他對於深度交流的渴望，還有他希望關係中能有更多成長和變化的願望，也可以呈現脆弱，告訴對方自己是多麼怕受傷。
調節消防員的行為	了解到消防員會透過衝動行為來嘗試保護自己，甚至有時候還會矯枉過正，讓自己處於兩個極端當中。試著「調教」消防員，在變與不變之間，找到其他可能。	如果真的做不到改變，Jeff也不一定要把自己綁在這段關係中，總是有其他的人際關係、其他的朋友等著他去探索。Jeff可以設定界限，並逐步減少對Nelly的依賴。

在疏離家庭中，找到突破的縫隙

如果是你與家人是疏離可又暫時安全的關係，要如何調整呢？同樣的，我們可以利用ＩＦＳ找到關係的突破口。

Rose的父親長年酗酒，更常常家暴、性騷擾她。她一方面覺得憤怒，一方面又想著一定要早點獨立自主，離開這個家。二十六歲那一年，她考上東部某所偏鄉小學當老師，同期的同學都覺得她很有愛心，可以放棄都市便利的生活，到一個偏遠的地方任教。

大家不知道的是，她所做的這一切只是為了逃跑。只不過，這個逃亡並沒有持續多久，兩年後，父親就被診斷出大腸癌末期。她內心很掙扎，眼見躺在病床上的是一個已經沒有力氣再打她、騷擾她的老人，她想著，如果再不回去陪爸爸，也不知道爸爸還有多少日子，但心裡面又恨透了眼前這個過往對她上下其手，讓她倍感羞辱的人。

其實最簡單的方式，就是待在原先舒適圈裡，繼續在東部教書，繼續拒接家裡面的所有電話，甚至她連想都想好了，爸爸葬禮的那一天，她絕對不要出現，但她總覺得，心裡面好像有一個聲音在說著：你這樣下去會後悔……

在 Rose 的故事中，我們可以看到她內在的管理者、流亡者、消防員：

- **管理者：**她選擇到偏鄉教書，一方面是為了維持日常生活的秩序，讓自己不再受到過往痛苦的影響。從積極的角度來看，這個行為其實包含了他對獨立和自主的追求，但另一面則是她試圖避免和家人產生衝突。這個管理者其實是很有功能的，還好有他在，Rose 才能脫離家庭，建立自己新的人生，並且在教學上找到自信心。

- **流亡者：**由過往負面的經歷組成，包含父親糟糕的行為，以及種種被壓抑的情緒和記憶，是一些被埋藏在日常深處，能不看就不要看的黑暗東西。管理者把這個部分給藏起來，一層一層上鎖。但其實，這個傷口是很想被看見的，也很真實地被了解和擁抱。
- **消防員：**當父親過世，那些過往的傷害就會像是海浪一樣又重新湧上來，這時候消防員就會出動，鼓勵她避免回家。但同時，當她一邊工作，一邊掛念著家中即將要離開的父親，甚至千里迢迢回家，就為了看那個討厭的人一面的舉措，其實也是消防員。這是為了避免父親離開之後，內心感受到後悔和遺憾。

在Rose心裡那道「這樣下去你會後悔」的聲音，其實就是她的「真我」在試圖運作，他希望Rose能夠看清楚心裡除了有想要逃跑的部分，也有想要重新和父親修復關係的部分。在此時的狀態裡，Rose可能還沒有辦法做出一個很明確的決定，不知道到底要回去好，還是繼續逃跑好。

真我看到了幾個不同的自己，分別在為了自我能夠存活下去而努力！

光是這個看見，就可以給自己一些溫柔的接納。接下來，Rose可以對這些內在的自己說說話，例如：

- **對管理者說：**「我知道你一直在努力保護我，讓我遠離過去的痛苦和困擾，但我想知道，我們是否可以找到一種更和諧的方式來面對這些挑戰，而不是一直逃避呢？」
- **對流亡者說：**「我真實地感覺到你在那裡，承受著很多我們過去經歷的痛苦。我想要聽聽你的故事，了解你承受了什麼。我們一起來面對這些感受，我保證不會再讓你感到孤單了。」
- **對消防員說：**「當我感到傷痛和不安時，我知道你會出現試圖幫我分散注意力或減輕我的痛苦。但我想和你一起探索更健康的方式，來處理這些情緒，而不是用以往那些衝動行為。你願意和我一起想嗎？」

你也可以試著說說看一些更溫柔慈悲的句子，陪伴自己這些不同的部分。關鍵在於不要立刻就想要解決問題，不必急迫地就想要做出決定。

生命的答案通常來得很緩慢，就像黑夜之後的日出，不是你用力逼迫，太陽就會出現的。

用愛與看見，啟航

過往的習慣總會讓我們的生活處在一個很穩定的狀態，但同時也會限制我們的行為模式。當你想要去的地方，與你現在的所在地有些距離的時候，你會一直很希望能夠找到一個恢復平衡的咒語，但事實是，**你所渴望的那種平衡並不在外面的世界，而在你內心的和諧**。

內在的家庭其實就是你生命的指南針，管理者的保護、流亡者的痛苦、還有消防員的行動力，以及在這一切背後，一直穩定看顧著你努力的真我，他們就像海明威筆下拚了老命和大魚奮鬥的老人，每一次的呼吸、每一次的痛苦、每一次的抉擇，都是一次次你和心中不同的自己所開的「作戰會議」！

試著辨識你所在的關係，試著看見那些舒適圈帶給你的影響，試著找到那些在你心中一直存在的，卻被你忽視的部分。當你做了這些嘗試，現況卻還沒有明顯變化的時候，也不要氣餒，或許你再往前走一段，再走一段，再走一段，然後再回頭看看。這一路以來，除了逃避的腳印之外，許多不願妥協、有點反骨、想要再多做點什麼的那種用心，也一直都在。

練習篇

關係檢核測驗——你們的關係，是成長，還是消耗？

要怎麼知道自己是不是困在舒適圈的依賴陷阱當中呢？如果這是個陷阱，那就代表你雖然表面上看起來舒服，實際上卻不斷地在自我消耗。心裡面那個想要長大、想要改變的部分，一直沒有被滿足。

有一個比較容易的檢測方法，可以協助你看見現在這段關係是不是你想要的。你可以試著把眼睛閉起來，手放在胸口，深呼吸幾次，讓自己放鬆一些，接著問自己：現在這段關係，是成長還是消耗？

通常浮現在心中的第一個答案，就是你的直覺告訴你現在內心的狀態。這往往是召喚出內在最貼近真實感受的「部分」的好方法。

有些人在使用這個方法的時候，也會召喚出其他的「部分」，例如自我批評、自我懷疑、抗拒、否認等。倘若心底也浮現其他的聲音，使你愈想愈痛苦，或許你可以透過接下來的這個檢核測驗協助你。

在這個測驗中，我們將使用六點量表，以評估關係中的成長與消耗程度。請想著一個你想要了解的對象，根據直覺來作答，1代表「非常不同意」，6代表「非常同意」：

題目	同意程度
1—在這段關係中，我時常覺得要證明自己的價值。	1 2 3 4 5 6
2—當我們有衝突時，很難找到共同的解決方案。	1 2 3 4 5 6
3—我覺得自己在這段關係中失去了自我。	1 2 3 4 5 6
4—我們的關係讓我回想起過去不愉快的經歷。	1 2 3 4 5 6
5—我對伴侶的需求和感受，常覺得有壓力。	1 2 3 4 5 6
6—我覺得自己的需求和感受，在這段關係中經常被忽略。	1 2 3 4 5 6
7—我們很少討論彼此的「個人成長」或「人生目標」。	1 2 3 4 5 6

8	我覺得這段關係限制了我的生涯發展。	1 2 3 4 5 6
9	在這段關係中，我感到情感上的疏遠。	1 2 3 4 5 6
10	我們的關係使我感到焦慮不安。	1 2 3 4 5 6
11	我覺得在這段關係中，我無法完全展現真實的自我。	1 2 3 4 5 6
12	我們很少慶祝對方的成就或好事。	1 2 3 4 5 6
13	我覺得在這段關係中，對方試圖改變我。	1 2 3 4 5 6
14	當談論我的夢想、抱負時，我感受到對方的懷疑或嘲笑。	1 2 3 4 5 6
15	我們的關係讓我感到疲憊。	1 2 3 4 5 6

測驗結果

這個測驗是根據關係當中的成長心態、安全感，以及創傷理論所整理出來的一個檢核測驗，其中的題目囊括了自我的完整性和關係的毒性等。如果分數愈高，就代表你在一個消耗程度愈高的關係當中；分數愈少，通常是這段關係可以帶給你很多的成長與滋養。

你可以看看自己的分數坐落在下面哪一個區間，並且參考這個區間的說明。

- **成長型關係（分數範圍15～45）**：你們大多數的相處是健康的，而且對於彼此是尊重友善的，更重要的是，在這樣的關係當中，你們都可以找到成長和發展的機會，能夠支持彼此的目標和夢想，有正向的依附關係，並保持自主獨立，也能享受生活當中的種種挑戰和喜悅。你們可以一起克服困難、在困難當中彼此扶持，彼此心中的聲音，也可以被好好地聽見。
- **拉扯型關係（分數範圍46～75）**：你心裡面很明顯地感覺到，這段關係裡面有一些些挑戰，可能經常有衝突和誤解，或是表面上看起來很靠近，實際上卻很疏遠。比較好的情況是討論雙方的需求和期望，試著在中間找到平衡，但這並不是一件容易的事，在討論的時候，你們可能會產生更多的衝突。你可能可以先練習前面我們談到的一些方法，試著調整和認識心中更多不同的「部分」。先用ＩＦＳ的好處是，當你和對方討論的時候，你也會對自己更有自信。如果對方拒絕或是疏遠，你也比較不容易認為是自己的錯。

● **疲憊型關係（分數範圍76～90）**：其實你很累了，也反覆思考這樣的關係是不是適合自己。你或許想過很多次是否要離開，或是應該轉變目前的相處狀態；你也可能看了很多設定界限的書、找過許多人協助你，但不知道為什麼，那個根本的問題一直沒有被解決。其實，這個階段可能是最困難的，但困難的地方也經常隱藏著改變的光，這可能是你人生產生蛻變和成長的一個轉捩點。不要太急著尋求解答，在這裡停一下。可以的話，先讓自己有多一點的空間獨處和休息，減少在關係當中被對方損耗的程度。

其實相較於測驗結果本身，更重要的是你在寫這份測驗的時候，提取到了哪些經驗和故事。試著透過這個測驗，看見你現在所在的關係位置，重新盤點自己還有多少能量，然後再問問自己：你想要走出舒適圈的依賴陷阱了嗎？

PART

4

解構恐懼，重塑信任

有期待是好的，
只是我們要如何將這樣的期待
做適當的「校準」，
才能讓雙方都不會因有錯誤的期待，
而產生後續的衝突與爭執？

第14章

「自我」信任的力量

你是否有過這樣的經驗：早上醒來的時候，突然有一種空虛感襲來，不知道為什麼要活著，不曉得自己呼吸的意義是什麼，沒來由地覺得好像和這個世界脫離了。這時候如果打給朋友，他們可能會問你：「為什麼心情不好？」但問題是，這根本就沒有為什麼，就是單純地有這種感覺而已。

倘若你也曾經有這種感覺，你就會知道我在說的是什麼。和別人解釋很麻煩，只好一個人蜷縮在沙發的角落，感受這份痛苦。

產生這種感覺的那一天，我只喝了一杯熱巧克力，坐在電腦桌前，一個字也打不下去，什麼也做不了。正因為什麼都做不了，所以感到自我厭惡。奇怪的是，一直以來，我明明做了很多事情，也幫助了很多人，怎麼會這麼討厭自己呢？我也不知道，像這種時候，什麼解決問題、追尋原因都是沒有用的。你知道了一切，但仍會感到痛苦；你了解許多知識，但還是會心裡很悶，什麼都不想做。

正當我覺得不知所措的時候，我決定以錄音的方式，傳訊息給我的「密友」[45]，

小烏鴉：

小烏鴉：

我知道你在上班，可是我實在找不到人講話，沒想到我也有這一天。星期一是大家都很忙碌的日子，可是通常也是我最憂鬱的日子，放完了假，大家好像都整裝待發，只有自由工作者的我，睡到中午，然後開始討厭自己。

今天也一樣沒有來由地討厭自己，試過了各種方法，去陽台晒太陽、幫烏龜換水、把暖爐打開、走路去便利商店買早餐，可是心情還是沒有好轉。深呼吸、做瑜伽之類的，我都知道，但是就是沒有力氣做。

我想到自己好像每一天都滿認真工作的，也沒什麼時間在休息，可是不知道

45 我建議大家都要有一個自己的「密友」，一個可以與你聊心事的朋友。在他面前，你可以分享除了工作以外的事情。我與小烏鴉的關係有個特別的地方在於，我們擁有一個想像的世界，在這個世界裡面，我是一隻熊，她是一隻烏鴉，我們會用這樣的角色來溝通。有些時候，這個象徵可以碰撞出意想不到的火花。你也可以和朋友一起玩玩看。

為什麼，每個月都入不敷出。我也很清楚知道，自己賺的錢並不比其他人少，不用養小孩、房子、車子，可是每個月固定的開銷、醫療費等，還是常常壓得我喘不過氣來。每當看到戶頭裡面剩下不到三位數的存款，就覺得自己真是個廢物。

我常常在想，自己就像是一隻森林裡的小熊，住在一個樹洞裡面，這個樹洞中的東西很少，只有一堆乾稻草、一塊破布做的枕頭，或許還有一盞燈。這隻小熊常常一個人，有時候會期待別人來拜訪他，但大部分的時候都沒有人來，所以他只好自己待在樹洞裡面，覺得很孤單。

有時候，小烏鴉會來拜訪小熊，他們會聊天、吃飯。小熊可能會很羨慕小烏鴉，可以自由地飛來飛去，或只需要簡單的一杯水就可以生活。有時候，小熊會很討厭自己是一隻小熊，要吃很多很多的東西。他想要像小烏鴉，只要喝水就會飽，但沒有辦法，他生下來就是小熊。

想到這裡，小熊總會躲到床鋪上，用稻草把自己的頭蓋住，想要繼續睡，逃避這一切。可是他沒有辦法一直逃避，只好又爬起來，也許到森林裡面去找蜂蜜充飢……

前半段的文字，是我原本就想傾訴的心情，後半段說到「自己就像是一隻森林裡的小熊」，則是類似我過去所學的「積極想像」（Pratica dell’Immaginazione Attiva）[46]。

這是透過半夢半醒的想像方式，自由地把腦袋當中的畫面描繪出來。過程是無意識的，有些時候，你會說出一些連自己都沒有想過的句子，描繪出無法想像的畫面。對我來說，這是一種讓潛意識馳騁的好方法。

奇妙的是，當我把這訊息傳給小烏鴉後，即使她根本還沒回覆，但不知道為什麼，我心中那悶悶的感覺，突然就好了一點。

你可以想像，原本眼前有一顆大石頭，很重、很巨大，根本無法推動，就卡在路中央，旁邊是峭壁與懸崖。穿著全身盔甲的你，完全無法穿越。

然而，當你傳了訊息之後，會意外地感覺到這個石頭和峭壁，之間有一個小小的洞，恰好能讓你的身體可以通過。只是要通過峭壁，需要把身上的盔甲脫下來。而一邊錄音一邊哭泣的過程當中，我好像不知不覺地就把盔甲脫下來了。

後來，我歸結出一個答案：我似乎透過積極想像的過程，找回對自己的信任——我相信自己可以從「靈魂暗夜」[47]當中走出來，儘管我目前還找不到走出來的方法。

46｜Tibaldi, M. (2011). Pratica dell'immaginazione attiva: dialogare con l'inconscio e vivere meglio. La lepre.

47｜據我所知，靈魂暗夜是身心靈工作者拿來形容一切都在走下坡的階段，例如做什麼事情都沒有動力、一切都在變糟糕、黑暗籠罩、情緒不斷波動等，有時候會是幾天，有時候長達幾個月或是幾年。

自我信任不等於自信

「自信」其實是一個模糊的詞，比較容易被聯想到的是「自尊」（Self Esteem），通常代表一個人對自我價值整體的評價，包含你對自己的看法、自我認同，還有自我接納等，可能會影響你在健康、感情、生活種種方面的感受。簡單地說，就是你覺得自己夠不夠好。

不過，我這裡想談的自我信任，比較接近「自我效能」（Self Efficacy）。這是由著名心理學家亞伯特．班杜拉（Albert Bandura）於一九七七年提出的概念，代表你相信自己可以成功完成某件事情的信心程度。

換句話說，如果你的自我效能比較高，就是你相信自己有能力可以克服某些困境或完成某些事情。自我效能會影響你想事情的方式、情緒反應、決定做什麼事等。如果自我效能夠高，面對挑戰的時候，通常比較有可能克服難關，也有更好的復原力；如果自我效能低，通常會習慣放棄，面對壓力時，也容易一蹶不振。

那麼，是什麼決定了你的自我效能呢？一般來說，與這些因素有關：

- **成就經驗（Mastery Experiences）**：想想你過去遇到挫折或壓力的時候，都是怎麼克服的？如果你過往有愈多從挫折當中爬出來的經驗，自我效能也通常會比較高，但如果你經常被打敗，或者是每次都是別人出手相救，就容易覺得自己好像什麼都不行，也容易舉雙手投降。

- **替代性經驗（Vicarious Experiences）**：如果你剛好就是那個經常放棄和失敗的人，也不用擔心，你可以透過看書、看電影等形成替代性經驗。有時候光是看別人成功、感受別人越過某些障礙，你也會覺得自己或許有機會能夠完成這些事情。同樣的，這也能夠增加你的自我效能。
- **語言的力量（Verbal Persuasion）**：如果你小時候經常有家人或朋友的鼓勵，他們會說一些正面積極的話，關心你，陪伴你，愛你，不管你表現好不好，他們都會鼓勵你，那麼在你失敗的時候，你會相信自己有能力可以多嘗試看看。相反的，如果你表現得很好，他們還是一樣貶低你，那麼你可能就會有比較低的自我效能。想想看，在過往的經驗當中，你經歷了哪一種人生？
- **情緒和生理狀態（Emotional and Physiological States）**：就算你從小含著金湯匙出生，有很多的成功經驗，也看了很多偉人傳記，經常被鼓勵，好像擁有了十八般武藝，你還是會討厭自己，還是有可能受到你的情緒和生理狀態影響。例如月經來了，或剛好今天沒來由地心情低落，這都是很正常的。

我那年代有一首歌叫《愛拚才會贏》，裡面有一段歌詞是：「一時失志不免怨嘆／

一時落魄不免膽寒」，這段話的意思是：有時候失敗也不需要唉聲嘆氣，有時候落魄也不要失去繼續的勇氣。不管是失敗還是落魄，都只是暫時的，不要因此而膽小而退縮終日。陳百潭寫的這段歌詞膾炙人口，紅極一時，不過可能是因為時代的原因，我有個不太一樣的看法。

我覺得唉聲嘆氣、膽小退縮其實是可以的，畢竟，誰沒有躲在角落把身體捲起來像蝸牛的時候？但歌詞裡面最關鍵的兩個字叫「一時」，不管你經歷或發生什麼，一定要告訴自己那是「一時」的。因為所有的事情都會改變，好的、壞的、痛苦的、開心的，終究都會過去。就算你不相信自己有能力可以撐過去，也要相信時間會一直走。

因此，**自我信任的關鍵在於「相信時間會流動」**。還記得第10章提到赫拉克利特說過「人不能踏進同一條河流兩次」嗎？你不會經歷同一個情緒兩次、你不會遭逢同一個困境兩次，每一次的經歷都是獨一無二且特別的。你只要告訴自己這句話：「這也會過去。」

這個魔法的句子來自於《我可能錯了》[48]一書，書裡面講了一個波斯國王的故事：有個人很想知道國王為什麼能夠治理這個國家這麼久，翻山越嶺之後終於來到了皇宮，很得意地與國王見面。他故意在國王面前大聲地問：「親愛的國王陛下，您偉大英明、以德服人，究竟是什麼祕密？讓你可以用和平的方式治理天下，這麼成功地締造太平盛世？」國王笑了一下，摘下自己手上的戒指，請大臣傳給這個遠道而來的旅行者，並對他說：「你會在這裡找到你想知道的答案。」

旅行者把戒指拿到陽光下一照，看到戒指的內側刻了一行字，「這也會過去」。該書作者之一，比約恩・納提科・林德布勞（Björn Natthiko Lindeblad）也把這行字刻在他的婚戒上面。等等，如果你是他的伴侶，拿到這婚戒的同時，應該會感到宇宙無敵煞風景吧？但換個角度想，正因為這也會過去，我們才要珍惜每分每秒與愛人相處的時光。

回到自我信任的課題，當你覺得對自己或關係失去希望的時候，當你想要找一個人依靠，可卻沒有人能夠讓你靠的時候，當你覺得空虛、寂寞，卻不知所措的時候，就算你對自己沒自信，那也沒關係，你可以依靠這個句子，「這也會過去」，**先找回對時間的信任，再找回對自己的信任**。

接著，你可以想想過去的時間裡，你是怎麼面對這些狀況。當你寂寞時，曾經做些什麼事情讓自己好一點？當你煩躁時，你怎麼讓自己度過的？你也可以透過替代性經驗、聆聽其他人的聲音和語言，讓自己走過這些時刻。如果你什麼都做了，就接受

48 Lindeblad, B. N., Bankler, C., & Modiri, N. (2020). Jag kan ha fel och andra visdomar från mitt liv som buddhistmunk. Bonnier fakta.

這只是一時一刻的情緒和生理狀態，一切都會過去的。

無法信賴別人的真正原因

「我很羨慕你可以傳訊息給小烏鴉，如果是我，應該就只會蜷縮在角落哭泣。」好友夏陌聽到我的故事，然後把她的狀況告訴我時，已經是距離她躺在冰箱旁地板兩個月後的事情了。她對我說：

「我記得那時候，我只剩下羞愧感。我連內衣都沒有穿，整個人像是剛出生的小孩，光著腳丫子，近乎赤裸地躺在地板上，覺得自己很骯髒、一文不值。我不值得躺在床上，不值得被任何人擁抱，不值得吃東西，最好被餓死，就這樣在冰箱的前面。其實我肚子很餓，但我覺得自己不能去拿東西，因為我很爛，爛到無以復加。

「那時候，我有一個荒謬的想法，如果有一個巨大的地震，搖動那個冰箱，讓冰箱倒下來壓死我就好了。只是過了好久，冰箱還是沒有倒下來。我睡睡醒醒，手機響到沒電，房東敲我的門，我才勉強爬去開門。他問我怎麼了？為什麼都不接電話？一臉不想要再繼續租我的樣子，我只好隨便編一個謊，說我腸胃炎。

「他一句話也沒說，就轉身離開。我以為他生氣了，要把我趕出去。沒想到，不到三分鐘，他拿了一藥盒過來，裡面裝了各式各樣的腸胃藥，說我如果還是不舒服，記得去看醫生。在那一刻，我突然發現，原來我真正不相信的不是別人，而是我自己。」

夏陌完整地詮釋了關於「信任」這個課題的矛盾。你身邊或許也有那種朋友，因為不想造成別人的負擔，所以幾乎看不出他心裡面有什麼黑暗，而當他真的打電話來，可能就是非常嚴重的事情。

夏陌躺在冰箱旁的那幾個晚上，我並沒有接到她的電話，可見就算是那個時刻，她或許也不信任我這個朋友吧！我聽到她說這個故事的時候，其實有點難過，後來轉念一想才理解，**原來她不是不信任我們這段友情，而是不信任自己**——她不相信自己值得被愛，不相信自己值得被在乎，不相信有任何人會在她失魂落魄的時候，會伸出援手，這一個又一個的不相信，成為了她不去尋求協助的阻礙。

我們談了許多關於依賴的陷阱，好像過度依靠一個人，是出於恐懼與自我懷疑，但換個角度來看，那些不願意靠著別人的人，或是只是想被依靠的人，某種程度上也是掉入了依賴陷阱當中。再往更深處想，**「無法信任他人」只是一個幌子，他們實際上**

也是無法信任自己。

你會發現，這些全部都串連起來了，不管是過度依賴一個人，或者是過度讓自己不要依賴一個人，只要你的內在核心是恐懼、自我懷疑，那麼你都有可能會讓自己卡在不敢相信別人，或是不敢相信自己的矛盾當中，只是呈現出來的形式不同而已。

超越自我懷疑

那麼，要如何超越這個自我懷疑呢？當你懷疑的時候，也是腦袋運作最高速的時候，再多的推論，知識、了解，都像是一把又一把的刀劍，讓你往胸膛多插幾刀——而你並不會因此比較想得開。這時，前面我採用過的積極想像，就變得很有幫助。

與積極想像相反的是「消極想像」。這是每個人多少都有做過的事，即「遭遇挫敗之後，隱性的補償思考」[49]，也是一種心理防衛機轉，類似佛洛伊德所說的「幻想滿足」（Wish Fulfillment in Fantasies），當我們遭到一些挫折或失敗時，會建構一些虛擬的情境，來解決自己的身心失調。例如：對於那些傷害你的人，你會想像自己去復仇；明明沒考上大學，卻想像自己考上了；家裡很窮，卻假裝自己非常有錢等。我們會透過這種方式來讓自己好過一點，但回到現實之後，仍然會經歷巨大的失望。

積極想像就不一樣了，它鼓勵你和自己的內在世界（也就是無意識）進行較為積極的互動和對話。**如果說消極想像是為了逃避現實，那麼積極想像就是在你還沒有辦法面對現實的時候，協助你理解自己的內在動機、衝突和內心的潛力**，也促使你反省自己，和內心的不同部分對話，並且整合那些部分（請參第13章）。

學習積極想像，需要透過一些練習。我整理出幾個步驟：

一、**準備**：首先，你得要有一個安靜的空間，選一個不會被打擾的地方，可以是你的房間，或布置一個暫時屬於你的角落，如果真的不行，午休的時候使用辦公室的廁所也可以。除了空間之外，時間也很重要，你可以設定十五到二十分鐘，在這個時間之內，你可以自由地探索自己的內在世界。

二、**放鬆**：我從「靜心圓圓」（Mindful Cricles）的創辦人楊舒雯[50]學來「手掌呼吸法」（Finger Mountain Breathing Exercise），既視覺化，又容易實行。把左手（非慣用手）舉起來，用右手食指，順著拇指的掌根開始往上移動，繞著你的手掌，像是畫出

49 Tibaldi, M. (2011). Pratica dell'immaginazione attiva: dialogare con l'inconscio e vivere meglio. La lepre.

50 《靜心練習》，楊舒雯著，大大創意出版。她的著作中還有許多有趣的靜心技巧，值得參考。

手掌的形狀一樣，一直移動到小拇指底端的掌根。當食指往上移動的時候，就吸氣，食指往下移動的時候就吐氣，依此類推，總共會經歷五次吸氣和吐氣。如果移動到小拇指的掌根時，還是沒有放鬆的話，再移動回來，反覆進行數次。等到你覺得身心都達到平衡，有點半夢半醒的狀態，再進入積極想像。

三、**進入狀態**：輕輕閉上眼睛，專注於內在的影像和感受，把眼睛閉起來，專注在心中任何浮現的影像、感受，或是身體的感覺。你可能會浮現一段記憶，或是夢境當中的影像。任何模糊的感覺都可以，也可能什麼感覺都沒有，那也沒關係，靜靜等待就好了。

四、**讓影像自由發展**：這裡是關鍵，不要試圖控制或是引導這些影像。有些人在做夢的時候，會想要控制夢境，但請你感覺像是在看電影一樣，不要試圖去控制畫面當中的任何角色或移動他們，讓他們自在地開展和變化。其實，到這裡就可以停下來了。描述看看這個畫面的變化，你可以用錄音的方式，或是用寫的，按照你習慣的方法試試看。

五、**和影像互動**：如果你願意的話，可以更進一步和影像互動，例如：你可以問問其中的角色一些問題。你可以把問題說出口，或是隨著心裡的「念頭」，或許這個潛意識中的角色會給你一個答案。

六、**告別和整理**：這個步驟尤其重要，透過幾次深呼吸，向這些你想像的畫面告別，對他們說謝謝，然後輕輕睜開眼睛，把你剛剛看到或者是想到聽到的東西，整理下來。你可以透過繪畫、創作、寫作、雕塑，或其他方法，把它記錄起來。也可以重聽剛剛的錄音，感覺一下這整個過程，你的內心是什麼感受。

重點是，**這些步驟並不提供任何解決和改進的方法**。或許做完整個練習之後，你仍然相當依賴他人，或沒有自信，但藉由這個過程，你可以和自己的內在的資源更靠近。而這個靠近本身，就是一種了不起的能力。

在這個練習以前，你都是透過自我逃離，或者是和他人連結，來迴避那些你感到痛苦的事情，但在此之後，你終於可以觸碰那些自己脆弱黑暗的部分，這不是很值得鼓勵嗎？就從這個練習開始，讓我們一起超越自我懷疑，成為一個更接近自己的，新的自己。

第15章

拯救者的恐懼、愛與信任

在古希臘神話中，奧菲斯（Orpheus）被譽為最偉大的詩人和音樂家，他的琴聲能夠感動人類、動物，甚至是無生命的物體和神靈。

奧菲斯與美麗的尤麗緹絲（Eurydice）相愛並結婚，但他們的幸福生活很快就被一場悲劇打斷。婚後不久，尤麗緹絲不幸被蛇咬傷而死，她的靈魂被送往冥府。深愛著尤麗緹絲的奧菲斯無法接受這樣的失去，決定做出前所未有的嘗試——走入冥府，從死神黑帝斯（Hades）手中奪回愛人的靈魂。

奧菲斯帶著他的豎琴，穿越了陰森的路徑，抵達了冥府的大門前。他的音樂感動了冥府的守門者，克服了所有的障礙，最終來到了黑帝斯和波瑟芬尼（Persephone）面前。奧菲斯的琴聲甚至感動了黑帝斯，他同意讓尤麗緹絲跟隨奧菲斯返回人間，但提出了一個條件：在兩人走出冥府回到陽光下之前，奧菲斯不得回頭看尤麗緹絲。

奧菲斯答應了這個條件，帶著尤麗緹絲踏上回程。然而，在他步出冥府門檻之際，因為怕尤麗緹絲沒跟上，呼喚她也沒回應，於是回頭一看……這一看就成了千古恨，因為尤麗緹絲還差一步才走出冥府。

尤麗緹絲墜回地獄，再也無法復活，奧菲斯也因此陷入了深深的悲痛和絕望之中。

看完這個故事，你想到什麼？

我想到的是，奧菲斯對尤麗緹絲的愛之深，以至於他願意冒著極大的風險進入冥府，但這種深沉的愛也伴隨著巨大的恐懼。當奧菲斯在冥府的門檻上回頭時，其實也意味著他被三種恐懼給籠罩：

一、恐懼失去所愛（尤麗緹絲）。

二、恐懼孤身一人。

三、恐懼信任他人（黑帝斯）。

而這些恐懼，也經常發生在拯救者身上。

拯救者的三種恐懼

相較於依靠者，拯救者似乎比較沒那麼「弱」，很多事情都可以自己來，更多時候是公司的老闆、企業的大亨、家庭的支柱，依賴他的人無以計數。

實際上，我遇過一些拯救者，當他們卸下光環、盔甲之後，內心是充滿懼怕的，他們與奧菲斯一樣，怕失去、怕孤單，也怕信任，儘管他們不一定會承認。

前陣子，我才碰到一個從「奧菲斯」手中「爬」出來的朋友 Uri，與我分享她和她前任兼前老闆 Jane 的故事。

「我曾以為她是我命中注定的奧菲斯，後來我很慶幸自己在她身邊『死過』。真的是像走地獄一遭一樣！我不知道你有沒有遇過一種人，他會嫌得你一無是處，讓你信心盡失。Jane 就是那種人。

「我一方面是她的伴侶，另一方面又是她的下屬。我經常覺得，如果離開她，自己就不會有人愛了，也不會有工作了。因為她常常會恐嚇我：『你知不知道，要不是我收留你，你早就餓死了！你也不看看你的學歷和經驗，會有公司用你嗎？你不要妄自菲薄了，以為會這一點東西就可以來糾正我……』

「跟她在一起，我沒有一天是快樂的，常常活在自卑和惶恐當中，但又無法逃離。一直到離開她之後，才發現當初的自己是多麼地傻，她又是多麼地會畫大餅。那些我們在一起時開的承諾，她幾乎一個也沒有實現。

「更誇張的是，離開後，我才發現一連串驚人的祕密。原來公司不僅負債，還被許多銀行列為黑名單，甚至有幾個還沒解決的訴訟案在進行。更別說我們一起存的買房基金，她根本沒有告知我，就把那些錢挪來償還債務！

「我想最可憐的，應該是她公司倒閉後，那些留下來的員工吧，不知道被拖欠了多少個月的薪水。他們還說，Jane 在公司倒閉的前一天早上，還向股東吹噓，說下個月要到廣州、東南亞拓展市場……」Uri 說。

得知這些驚人的消息時，Uri 最明顯的感受是一股恐懼和背叛感。她沒辦法相信在她心中那個堅不可摧、充滿自信的 Jane，竟然瞬間就崩塌了。她也感到心碎，覺得自己一直活在一個精心建構的謊言當中。原來過去 Jane 的每一個承諾、每一次溫柔，都是以欺騙、利用構築而成。

這個故事其實也是所謂的「職場 PUA」[51]，操作 PUA 的拯救者透過不斷貶

51 Pick Up Artist 的簡稱，現在常指在權力不平等的關係中，利用心理操控手法與技巧羞辱、冒犯、情緒勒索他人的情形。

低、羞辱、情緒勒索，讓依靠者覺得自己一無是處。他們一開始可能會給你一點甜頭，例如：給予稱讚、營造浪漫溫柔的感覺、畫大餅，讓你覺得自己好棒，有人看重並欣賞你的才能。等到你逐漸上鉤後，再把你套牢。過程包含：否定你的能力、壓榨你的才能、讓你覺得自己很糟糕、使你產生一定要在這裡才可以獲得工作機會的錯覺，到後來甚至感謝並讚嘆起對方施捨於你的恩惠。這就是我們第1章談到的「養、套、殺」模式。

如同依靠者，拯救者也可分成「有意識的拯救者」與「無意識的拯救者」兩種。有意識的拯救者知道自己在操弄，每一步都是策劃好，盤算好，設想好後果，評估風險，並且以把他人玩弄在鼓掌當中為樂趣。

無意識的拯救者可能不覺得自己在操弄，甚至是整個人已經「進入劇本」，真的覺得自己是在「解救蒼生」，是「為了你好」。

不論是哪一種拯救者，其實背後都是沒有辦法面對那三種恐懼：害怕失去、害怕孤單、害怕信任他人。然而，在他們使用控制和操弄的手法的時候，其實也不知不覺的進入了自我犧牲。

控制與自我犧牲互為假象

在一段關係中，依靠者經常做出的行為是「自我犧牲」，而拯救者常展現出的則是「控制」，好比順從女友與霸道男友、媽寶與虎媽、慣老闆與奴員工等，都是顯而易見的例子。

但任何事情都是一體兩面的，控制與自我犧牲也是。

前陣子我在社群上看到一段短片，覺得相當有意思：一位警察為了避免好不容易抓到的逃犯逃走，便把他銬在自己身上，結果連自己上廁所時，逃犯也都得在旁邊，相當彆扭。自我犧牲與控制就像是這樣，表面上看起來警察像是「控制」了局面，但其實他也犧牲了自己的自由；逃犯看似「犧牲」了自由，但某種程度上，他也控制了警察的自由。

你可能會說：「不對啊！手銬的鑰匙在警察身上吧？」這話沒錯，但警察也要處處提防，難保下一秒，逃犯不會從警察腰間把鑰匙給偷走！

這裡就要講到關係中的第四種恐懼，通常也是無所不在，卻又非常「隱微」的恐懼——「權力爭奪」。這是在蘇珊．坎貝爾（Susan Campbell）提出的「關係五階段」當中的「權力爭奪期」會發生的事。其實任何階段都會有這個現象，只是在此期間會從隱性變成顯性而已。在逃犯與警察的例子當中，權力是「鑰匙」，但在真實的依賴陷阱中，權力則更為複雜。52

「從幼稚園開始，我的家人就沒有參加過我的畢業典禮。什麼成果發表會、社團表演，他們也一概會因為工作忙碌缺席。久而久之，我也不期待他們來了。

「國一那年的家長會讓我印象最深，當時我媽要顧店，我爸去進貨，所以是我媽媽的朋友，一個捲髮阿姨來當我的『家長』。當天班導師辦有獎徵答，問家長知不知道小孩的星座，那個阿姨居然自告奮勇地舉手說出我的星座！當時我很生氣，但其實我不知道自己為什麼生氣，只記得班導問：『筱潔，阿姨說你是牡羊座的，對嗎？』我立刻否認，跑去廁所大哭。

「其實，我是牡羊座沒錯，但我不想承認。直到這麼多年之後我才明白，或許我只是想抗議而已。抗議對我不聞不問的爸媽。」筱潔說。

自從我認識筱潔以來，就發現她幾乎很少回家，還常常說爸爸又傳訊息情緒勒索她，媽媽又打電話來抱怨自己過去為她犧牲多少。她總是不想接家裡打來的電話，而且掛上媽媽電話的時候，嘴角都有意無意地浮現一抹笑意。一開始我不太能理解，有一天我終於忍不住問她：「你每次掛你媽電話的時候，是什麼感覺？」

「爽！還有一點愧疚感吧。我應該要養她的，可我卻沒有盡到女兒的責任。」

愧疚感可以理解（這裡不贅述，可參考周慕姿的著作[53]），但筱潔口中的「爽」是什麼呢？

筱潔說，那有點類似在家長會上否認阿姨的感覺，好像打贏了一場仗，所以會有爽感，可那樣的獲勝似乎又是用某一種東西「換」來的，所以仍會感到不舒服。

回到筱潔「掛電話」的行為，每掛一次電話，她就得到了一次心理操控感，不再被媽媽掌控，可以控制自己想要聽到什麼。反過來說，媽媽每被掛一次電話，就得到了一次「被拒絕」。不過，當我與筱潔更深入討論後才發現，儘管她「享有」掛電話的權利，每次看到來電顯示是「媽媽」，還是心裡一驚……

你說，是誰控制了誰呢？

在這段關係中，誰又犧牲較多呢？

52 Campbell, S. M. (1980). The couple's journey: Intimacy as a path to wholeness. Impact Publishers. 蘇珊・坎貝爾將伴侶關係發展分成五個階段，包含浪漫期、權力爭奪期、穩定期、承諾期、共同創造期。這一理論後續被延伸到家人、朋友與其他關係上，但也面臨挑戰與修正，例如關係的推展可不是線性的，而是會來來回回變化的，或是同一個時間點可能經歷兩種以上的歷程等。

53 在周慕姿的著作中，我推薦《情緒勒索》與《羞辱創傷》，這兩本書能讓你更了解愧疚感是什麼，又是如何影響了你。

控制與自我犧牲，在一段以依賴作為陷阱的關係當中，是互為假象的。**披著自我犧牲的苦，其實底下真正的爪子是控制；而那些看似強勢的控制，其實背後是隱而未察的自我犧牲。**

在乎對方，其實是一種自我忽視

反過來看，當你在一段關係中過度在乎對方，表面上看起來你好像是一個擅長經營關係、樂於付出的人，但因為你把唯一的燈光都照到對方身上，自己反而黯淡無光。你聽不見自己的好，看不見自己真實的容貌，最慘的是，當有人看見你表現不錯的地方的時候，你還會因為「自己沒有看到」而否定對方，就像「瞎子摸象」[54]的故事一樣。

在依賴陷阱當中，「自我忽視」其實有一個顯而易見的「好處」，就是可以「向別人借能量」。這個概念是我在「人類圖畫館」[55]學到的，在人類圖的世界當中，每個人有九個能量中心，假設你的某個能量中心空白，而伴侶的該能量中心不是空白的，你就剛好可以向他借能量。當然，這只是很粗淺的說法，我主要想分享的觀點是，當你把目光放在他人身上而忽視自己的時候，你可以暫時得到某一種「自我感覺良好」。

只不過，你必須記得，這個良好並不是你的，而是從別人身上借來的。尤其常出現在一種無法自拔的「迷戀關係」當中。

曾經聽過一段，我自己都覺得瞠目結舌的「圈養」故事。

Lynn 從小因為氣質比較陰柔，不斷被學校的人欺負，不但對自己的外表、表達沒自信，也覺得自己大概這輩子就這樣了。

念研究所時，Lynn 認識了一個樂團的主唱。他們第一次見面的時候，主唱就緊緊抱住他，用雙眼直勾勾地看著他的眼睛，簡直像是BL小說裡面會出現的那種劇情。主唱只說了一句：「你好可愛。」就把 Lynn 給帶回家了。

自從 Lynn 跟著主唱回家後，就很少再出門。大部分的時間，他都待在主唱的

54　這個故事中，幾個瞎子第一次接觸到大象，他們每個人摸到大象的不同部分，如耳朵、腿、鼻子等，然後根據自己摸到的那部分來描述大象是什麼樣子。實際上他們的理解都是片面的，沒有一個人能夠完全描述出大象的全貌。這裡之所以使用這個隱喻，是因為我們每一個人都只能夠看到關係當中的部分，沒有人能夠看到全局，所以我們必須從彼此的理解當中，去拓展更多的理解。我會在第16章做更進一步的描述。

55　「人類圖閘門牌卡組」，游沛宸總編輯，陳致宏文字，胖小姐插畫（2024）。《人類圖閘門工具書》。台北，人類圖書館有限公司。

家裡。唯有一個狀況例外，就是演唱會。每一次演唱會，從場務、舞者、樂手、音響、器材到燈光等，都是由 Lynn 管控的。現場遇到什麼問題，大家都找他，他忙進忙出，簡直就是樂團最堅實的後盾。只是每次主唱要感謝團員和工作人員的時候，都草草地用「當然也要感謝我們勞苦功高的小林」帶過。

儘管是這樣，每一場演唱會，Lynn 都沒有缺席。幫主唱辦演唱會，就像幫他自己辦演唱會一樣。

「我記得有一次，我在台下看著他，音響和燈光把我淹沒，我不知道是因為氣氛，還是因為音樂，整個場地有一種催眠的效果，我似乎進入了一種恍惚的狀態。我覺得跟他在一起很有自信、很開心，好像心裡面的一些什麼被填滿了。」Lynn 說。

你或許能感覺到，這段關係是非常不平衡的，Lynn 幾乎是被豢養在這段關係裡，但他又得到了某一種特殊的滿足。他透過忽視自己的需求，把所有的時間都貢獻在這段關係中，來達成一種自我膨脹。把鎂光燈都照在對方身上，來吸取對方的能量。

這看起來好像很好，但曲終人散之後，Lynn 終於感覺到那種孤寂——那些掌聲不是屬於自己的感覺。為了填補這些空虛，所以他只好再繼續關注對方，等待下一次的演唱會、下一次的掌聲，儘管他已經知道，這一切並不是要給他的。

反過來看，主唱其實也有他自己的恐懼。他透過不承認關係、不談論彼此的狀態，讓這一切停留在灰色地帶，好保留自己在關係中可以掌控的權力。而每當他人問及兩個人的關係狀態時，他閃爍的眼神、含糊的言辭，還是透露出某種焦慮。

到了最後，Lynn 因為知道主唱有其他對象，憤而收拾行李離開他家。主唱第一天並沒有挽留，完全不聞不問。到了第二天，主唱開車從台北到屏東，只因為 Lynn 最後的打卡地點在車城。那天 Lynn 看到了手機裡好幾十通未接來電，這是他們兩個從相識到「交往」以來，主唱打過最多次的電話。

讀到這裡，不知道你有什麼感覺？談到依賴陷阱時，我們往往以為只有「依賴」的人才會陷入陷阱當中，殊不知看似掌控權比較高的那個人，其實也同時在陷阱裡面。他們可能豢養、套牢依靠者，從依靠者身上獲取好處，但同時，他們其實也被豢養、套牢著。他們表面上看起來是主導的、控制的，實際上，他們也是犧牲的、被控制的、自我忽視的。

當我們在關係當中看到了這兩方面，並且深入地去了解那些最好和最壞的自己，那一個又一個的結才有可能解開。下一章，我們將一起探索依賴陷阱當中，那個最好和最壞的你，是如何被勾起的。

第16章

關係即陰影——那些最好和最壞的你都在這裡

讓我們回到一段關係的開始：兩個人相遇，就像兩個圓圈互相碰面，互相擴展對彼此的認識，互相支持彼此的夢想，這兩個圓圈將愈變愈大，有愈來愈多成長。以往我常引用兩個理論來形容這樣的人際關係：

一、**人際關係的IOS理論（Inclusion of Other in the Self Theory）**：這可不是iPhone的系統，這是亞瑟．亞倫（Arthur Aron）與他的同事所發展的觀點，主要說明兩個人相遇的時候，如何把對方納入自己的自我概念當中。這個過程叫「自我擴張」（Self-expansion）。

這個理論認為，隨著人際關係的發展，你會逐漸把對方的觀點、興趣，甚至人際關係和資源當成自己的一部分，彷彿把自己的手腳延長到對方的生活裡，這個延長其實也代表兩人的關係深度的增加。你可以想像，兩個圓圈相遇，中間重疊的程度愈高，品質也愈高。

想當然耳，這個理論很快就遇到許多挑戰，例如重疊的部分愈多，衝突和摩擦的部分通常會愈多，也可能會出現控制與被控制的問題。此外，我們並不會將對方所有的想法和價值觀都據為己有，我們會經過評估和挑選，也會「拓展領土」，把自己的觀點、技能和資源分享與「傳教」出去。這些都是要加以考量的。[56]

二、**米開朗基羅現象（Michelangelo Phenomenon）**[57]：我在第一本著作《在怦然之後》曾提到這個現象，這是說當一個人的理想自我受到伴侶支持的時候，他們更可以實現這個理想的自我，而且關係的品質也會變得更好，成為一個正向的循環。具體來說就像是，你與某個人在一起時，會發現自己身上最美好的部分被對方發掘出來，你不僅喜歡他，更喜歡與他在一起時的自己。

56｜Aron, A., Lewandowski, G., Branand, B., Mashek, D., & Aron, E.（2022）. Self-expansion motivation and inclusion of others in self: An updated review. Journal of Social and Personal Relationships, 39(12）, 3821-3852.

57｜Rusbult, C. E., Kumashiro, M., Kubacka, K. E., & Finkel, E. J. (2009). " The part of me that you bring out": ideal similarity and the Michelangelo phenomenon. Journal of personality and social psychology, 96(1), 61.

不過，尤其在華人文化當中，我們其實滿多時候不知道什麼是「理想我」，更多時候會把「應該」和「理想」混為一談，尤其是在漫長的求學過程當中，好像總被灌輸一個「這樣應該比較好」的樣子。當你遇到一個人，並覺得好喜歡與他在一起的自己時，**他到底是支持了「你應該要成為」的你，還是支持了「你想要成為」的你？或兩者都不是，你只是習慣與他在一起而已？**

當我念了諮商、學了一點點榮格之後，知道每個人、每件事情都有陰陽兩面，光明與黑暗相生，那些吸引你的東西背後必然有讓你害怕的東西，反之亦然。

從這個觀點切入來說，每個人的心裡面，都有一個積極、正面、陽光、期待被大家認識、渴望被所有人看見的部分，如同榮格所說的「面具」（Persona）。我們戴著這些面具生活、工作，扮演著各種角色。這些面具對我們來說很重要，但不能夠占據我們生活的全部。

換言之，在我們心裡還有另一個部分，是黑暗、不為人所知、不太想要被誰看見、被壓抑、躲起來、自己不能夠接受、討厭的部分，又稱為「陰影」（Shadow）[58]。

回到相互碰面的那兩個圓圈來說，你和對方各自是一個圓圈，不過你有一半是光明的，另一半是黑暗的，分別代表你願意被別人看見的，以及不願意被別人看見的部分（或可籠統粗糙地把它分成優點和缺點）；同樣的，對方身上也會有光明面與黑暗面，即想要被別人看見，以及不想被看見的地方。有了這些概念，讓我們來看看這兩個圓圈之間會發生什麼事。

同質相吸，還是異質相惜？

在我剛開始研究親密關係的時候，記得老師曾問過一個問題：「你覺得相似的人會在一起，還是互補的人會在一起？」這個問題一直到現在，都還爭論不休，不過目前，我有一個自己比較接受的答案。

我認為，相似的人通常會先變成朋友，因為你們會有一些雷同的地方，例如類似的年紀、學歷、收入或興趣，然後你會從這些相似的人當中，挑出一些和自己很不一樣，或是各方面都有些獨特的人在一起——這就是「建立在相似上的互補」[59]。

58 Roesler, C. (2021). C. G. Jung's Archetype Concept: Theory, Research and Applications. Taylor & Francis.

59 Weidmann, R., Purol, M. F., Alabdullah, A., Ryan, S. M., Wright, E. G., Oh, J., & Chopik, W. J.（2023）. Trait and facet personality similarity and relationship and life satisfaction in romantic couples. Journal of Research in Personality, 104, 104378. 這篇研究主要發現，就算是個性相似的人，在一起也不一定會比較幸福；另外也有系列的研究指出，情緒穩定度才是幸福的關鍵。

例如：焦慮依戀者和逃避依戀者常常會在一起，奇怪的是，他們在一起經常感到痛苦，為什麼會這樣呢？為什麼明明知道痛苦還要在一起呢？

我的解釋是，其實每當焦慮依戀者看到逃避依戀者很獨立，能夠自己完成很多事情，都不用依靠別人的樣子，就會升起一股羨慕的感覺，這個部分與他們的個性是互補的，也是他們性格裡面所沒有的，自然而然就會被這個部分給吸引。

另一方面，當逃避依戀者看到焦慮依戀者可以這麼無所畏懼地信任一個人，把全部的自己都交付出去，如此地依賴，敢用這麼多的情緒投入在感情當中，不怕受傷，其實他們也隱約有一股羨慕。

逃避依戀者與焦慮依戀者便是在這種彼此羨慕的情況下，互相欣賞而建立關係。這段看起來是「互補」的關係，實際上建立於「都是不安全依戀」的相似。

說穿了，**逃避依戀者與焦慮依戀者雖然互相吸引，可在這吸引的最深層，仍是彼此的惺惺相惜**——因為我看見了你的不堪，因為我知道你是多麼地痛苦，因為我了解那個焦慮和害怕是多麼地巨大，所以，我願意靠近你。那就像是——我也很想要靠近我自己一樣。

如果說彼此吸引的是「相似的不安全感」，那麼，會不會在這些吸引力的深層，真正影響和操控我們的，是某種潛意識裡難以言喻的原生動力？也就是讓我不想面對、不願意接受、討厭呈現出來的「不安全感」，反而是促使我去認識對方的「燃料」？對方吸引我的，並不是他身上那些很棒的特質，而剛好是他那些黑暗、不願意被我看見的部分？

這聽起來好像很荒謬，但如果我們仔細想想，似乎也不難理解。

對於焦慮依戀者來說，過度依賴一個人，是自己非常討厭的黑暗面，但對於逃避依戀者來說，這樣的依賴反而是他辦不到的。他不想像焦慮依戀者一樣，每天擔心對方沒回應，但他同時也被對方這種熱烈的愛給吸引，所以某種程度上，焦慮依戀者最不想接受的自身黑暗面，反而是最吸引逃避依戀者的部分。

反過來說也是一樣的，逃避依戀者對於許多事情表現出冷淡、殘酷，甚至解離的樣子，他可能覺得這樣很理性，但心裡面仍隱隱覺得這樣沒有很好，而這個他並不是很喜歡的部分，正好是焦慮依戀者羨慕的。他們羨慕逃避依戀者可以如此獨立、不被情緒影響。

發現了嗎？彼此身上最黑暗的部分，在對方的眼睛裡，居然閃閃發光。

影響關係的「兩圓三洞」

前面的解釋，似乎已經揭開許多關係裡難以言明的吸引力，但直到我前陣子聽了

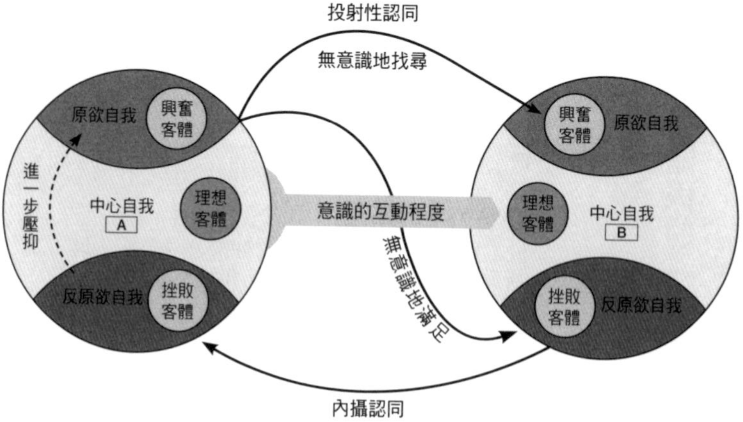

鄧惠文的「超越情傷」[60]課程，然後重讀她所推薦的《性與親密》[61]後，發現互相吸引好像比我想像的更加複雜，也才想起，原來這就是我在博士班讀到英國精神分析家唐諾．溫尼考特（D.W. Winnicott）和羅納．費爾本（R.D. Fairbairn）所提及的概念。[62]

回到這一章一開始的兩個圓圈，前面我們說過，有可能是兩個圓圈重疊、兩個圓圈互相支持，或兩個圓圈各有黑白的部分。但實際上，前述那些學者的概念可能比亞瑟．亞倫的理論來得複雜許多。這裡我想要談的是「兩圓三洞」。

此概念認為：一個人內心有三個部分，每一個部分，分別對應到一個自我。當A、B兩個人相遇的時候，不只是意識層次的相遇，也是無意識層次的相遇，**這就是為什麼，你會重複地被一些類似特質的人傷害，或長期困在原**

生家庭的陰影和劇本當中，在過往習慣的框架下感到痛苦，可是又跑不出來。一切的一切，都來自於那些無意識的作用。

如圖所示，這兩個圓是指你與一段關係中的對方，這個對方可能是你的朋友，或是與你有過節的同事、上司，甚至是某個讓你很糾結的家人。而你與他身上都有三個「洞」，分別是「理想客體」、「興奮客體」與「挫敗客體」，這些部分各自座落在「中心自我」、「原欲自我」和「反原欲自我」當中。

假設A代表你，B代表另一方。我們來看看這些「洞」與「自我」分別是什麼：

- **理想客體（Ideal Object）**：指的是你想要讓對方看到的部分。通常是比較正面、積極，如同第一次約會時會想要展現出來的地方。同樣的，對方也會展現他的這個部分給你看。

60 鄧惠文【超越情傷—愛情歷程與自我轉化】三週講座，心靈工坊成長學苑。

61 《性與親密》（*Object relations couple therapy. Jason Aronson, Incorporated*），大衛．夏夫與吉兒．夏夫（Scharff, D. E., & Scharff, J. S.）合著，心靈工坊出版。

62 Sutherland, J. D. (1980). The British object relations theorists: Balint, Winnicott, Fairbairn, Guntrip. Journal of the American Psychoanalytic Association, 28(4), 829-860.

- **興奮客體**（**Exciting Object**）：通常是在無意識當中，會激起強烈欲望或情感的部分。在費爾本的理論中，這個部分常與早期的依戀經驗有關，例如：你可能會喜歡上像父親一樣「風流倜儻」的男人，或像母親一樣「浪漫」的女人，甚至微小到如對方「穿牛仔外套的樣子」很像父親。前述風流倜儻、浪漫、穿牛仔外套的樣子就是「慾望部分」，即會讓你感到滿足、快樂、興奮的部分。
- **挫敗客體**（**Rejecting Object**）：這是指讓你感受到被拒絕和屏棄的部分。在自己身上，就是你討厭的樣子，例如過度依賴；在對方身上，可能是他已讀不回訊息，或是他很用力關門的聲音等。
- **中心自我**（**Central Ego**）：這是一個人最主要的自我部分，通常是以現實的方式與外界建立關係。比方說錯過這班車，你不會哭鬧，而是會趕快查下一班的時間。這就是核心自我在運作。
- **原欲自我**（**Libidinal Ego**）：這是指和愛、欲望相關的自我，你會用它來尋求關注和認同，滿足基本的情感需求。比方說遇到了一個有好感的人，你會想向他要社群聯絡方式，來達到愉悅和滿足，而這一切可能發生在無意識當中。
- **反原欲自我**（**Anti-libidinal Ego**）：剛好與前者形成對比，這與敵意、憤怒憎恨有關。當你的需求和滿足受到威脅，或者被拒絕、被忽視、感到挫敗時，你為了避免自己再度受傷，這個部分可能會採取一些行動，也就是「進一步壓抑」。

- **進一步壓抑**（**Hostile Repression**）：這種壓抑是由於內在的敵意驅動力，與自我保護和防衛機制有關。例如先前與你互留社群聯絡方式的那個人背叛了你，當你再遇到類似的情境，可能不敢再做出同樣的行為（留下聯絡方式），因為害怕再次被傷害。這就是「反原欲自我」發揮了作用。
- **意識的互動程度**（**Level of Conscious Interaction**）：一切有意識的溝通、訊息、聊天，都是屬於這個層次。其實你都是拿你的核心自我與對方連結，這也是你唯一可以控制的部分。
- **無意識地找尋**（**Unconsciously Seeks**）：這是指在無意識當中，我們會去尋求那些能滿足我們早年經驗，或讓我們興奮的對象當作伴侶，與他們產生互動。
- **無意識地滿足**（**Unconsciously Meets**）：在無意識當中，你遇到了和你早年某些經驗互相呼應或雷同的對象，他們滿足了你、使你興奮，但同時也會觸發你的一些創傷，讓你感到被拒絕或拋棄，所以你同樣會做出一些反抗或防衛的行為。這裡的「滿足」，其實同時滿足了你的興奮客體與挫敗客體——他的「好」滿足了你內心熟悉的渴望，他的「壞」也滿足了你心裡想要抵抗、拒絕的渴望。
- **內攝認同**（**Introjective Identification**）：你會把對方身上的特質、態度或功能內化成自己的，甚至也會把對方身上的防衛機轉拿過來用。例如他不回你訊息，是為了避免被你傷害和拒絕，隔一陣子後，當他傳訊息給你時，你也開始不回他了，這或許就是你在「模仿」他的防衛機轉。這整個過程，就叫內攝認同。

- **投射性認同（Projective Identification）**：這是指對方讓你感到有欲望的部分，是你所渴望的。例如你希望被注視和被關愛，便會用原欲自我去「勾引」他，展現出你好渴望被關注、好需要愛的樣子。經過一段時間之後，就算你沒有這樣要求，對方也會不斷地付出關愛，讓你覺得你很重要，且在這個過程當中，他也覺得他是重要的。你把他成功捏成了你想要的人，他也配合你演出，這就是所謂的投射性認同。當然，關係本身是互相的，所以你在捏塑他的同時，他也在塑造你。

回到依賴陷阱，我們之所以能夠產生依賴，就來自於投射性認同（兩人一起演）；而之所以是陷阱，就是因為內攝認同（彼此互相傷害）。前者讓這段關係愈來愈緊密、無法自拔、互相雕塑；後者讓兩人彼此痛苦、互相鞭笞、用模仿對方的防衛機轉來互相處罰。

你們就像是兩個泥土人，你捏我，我捏你，互相影響。在雕塑的過程當中，有快樂，有痛苦。你可能因為他的一句話，就想了一整個晚上；他可能因為你的一個動作，就興奮地睡不著覺。你們互相用對方渴望的方式對待彼此，也可能互相以毒攻毒、以牙還牙。凡此種種發生在無意識當中，彼此索求和互相滿足的過程，就組合成依賴陷阱的主旋律。

找回你原本就有的力量

「知道了這些，有什麼用？」有一次我花了九牛二虎之力，與一起上課的朋友討論完這個「伴侶客體關係治療理論」（Object Relations Couple Therapy）。朋友問我了這個問題，老實說我回答不出來，因為有些東西似乎是拿來知道，而不是拿來使用的。

當然，我沒有辦法這樣回答朋友，所以我就抱著這個問題，去問同樣在學精神分析的學姐。

學姐說：「我們生長在一個『什麼都要有用』的時代，好像什麼事情都要有一個操作步驟，才會讓人覺得好像有學到東西的安心感。不過，你可以仔細想想，在你買了這麼多本書、上了這麼多課之後，尤其是真的照那些步驟做了以後，有幫上你的忙嗎？為什麼隔了一段時間，你又被打回原形？這中間發生了什麼事？」

學姐沒給我答案，反而給我另外一個問題。這個問題也很有趣，的確，前幾個章節，我提供了一些應用的步驟，這是其中一種方法，但有些時候，光是深刻地了解，就足以帶來一些改變。

我的建議是，你可以反覆閱讀這一章，並思索你過去的幾段關係，可能是戀情，也可能是友誼或家人，然後想想：

- 這些關係裡面，有沒有什麼一樣，或不一樣的地方。
- 在思考時，有哪些部分的「你」，被勾動了起來？
- 又有哪些部分的「你」，明明痛苦，卻被困於其中？
- 在關係裡面，吸引你的那個「欲望的部分」是什麼？
- 在關係裡面，會引起你抗拒、憎恨、排斥的那個部分是什麼？
- 在關係裡面，讓你又愛又恨的部分是什麼？

操作這個方法時，可以搭配「手掌呼吸法」（請參第14章），來讓你可以與自己的潛意識更貼近地對話。我的經驗是，比起像冥想般閉起眼睛，透過視覺化呼吸的模組，更能讓腦袋暫停。

有句話說：「百分之九十的情緒問題，呼吸都能解決。」這句話可能有點誇張，不過呼吸可以調節交感神經和副交感神經，所以當你真的覺得不知如何是好的時候，呼吸的確是一個即刻可以操作的練習。你可以在好好呼吸之後，思考前面幾個問題，或許會有不一樣的洞見。

第17章

從期待校準，到關係校準

人是期待的動物。所有的痛苦，都源於你對關係有不切實際的期待：你期待對方成為自己想要的那種人，或期待自己成為對方想要的那種人，或者是看著其他的情侶，羨慕他們，希望自己能夠變成他們那種關係。

前陣子我在社群上面看到一則貼文，大致上是說：期待往往帶來痛苦，所以避免痛苦的唯一方法，就是不要有期待。我仔細想了想，**期待的確一方面有可能會造成想像與現實間的落差，但也有可能因為期待，我們會開始去做一些自己以往不會做的事，對關係做出一些改變與付出。**

有期待是好的，只是我們要如何將這樣的期待做適當的「校準」，才能讓雙方都不會因有錯誤的期待，而產生後續的衝突與爭執？要如何將彼此的關係校準到一個適切的距離，在表達自己感受的同時，也能在乎他人的感受？如何既不委屈自己，也不占對方便宜？

在這一章我想談談，習慣性當依靠者的你，如何不落入對方「養、套、殺」的依賴陷阱，也不會因為自己內在的不安與匱乏，時時在「等、靠、要」對方的愛。

而如果你在過往的關係中，總是習慣性當拯救者、照顧、被需要的那一方，那麼你也可以透過校準自己的期待，讓雙方從有毒的關係裡畢業。

我們先來看看幾個例子：

期待校準		關係校準
我希望他下班後等我去接他。	←	「我照顧，他依賴」的關係。
我希望他如果今天要自己回家，或有別的安排，例如聚會或其他活動，可以先傳訊息告訴我。	←	「雙方都有能動性」的關係。
我期待他每天晚上都要跟我視訊報平安。	←	「我需要他不斷提供安全感」的關係。
我希望彼此可以每週設定一個時間談心。不過如果有緊急的事情，還是隨時都可以聯繫對方。	←	「雙方都尊重彼此的時間與空間」的關係。

期待		關係
我希望他也喜歡我的興趣與休閒。	←	「我把興趣強加於他，他被迫接受」的關係。
我希望彼此可以互相分享各自的興趣，即使不完全相同，也能互相尊重和支持。	←	「雙方互相尊重和欣賞對方的獨特性」的關係。
我期待在每次爭執後，對方都要先道歉。	←	「總是一方屈服，另一方勝出」的關係。
我希望有衝突時，雙方都能主動表達自己的感受，並尋求共同的解決方案。	←	「雙方共同努力，尋求理解與和解」的關係。

在這一系列的校準之後你會發現，真正讓關係搞砸的是，你樹立了一個不切實際或者彼此壓迫的期待。也因為這樣，當你心裡有任何「念頭」升起，不論是想要靠近對方、豢養對方、限制對方，或是依賴對方，都要時時刻刻留意和覺察自己的心念，因為這會是影響你接下來行為和關係的重要開端。

只不過，要進行這樣的校準可能需要一段時間的練習，比方說，你可能以前喜歡在爭執的時候當「吵贏」的那一個，現在突然要你先開頭示弱、表達自己的感受，簡直是天方夜譚。所以在這一章，我想要使用「ABCDES模式」，來協助你進行期待校準和關係校準。

看見自己的內在冰山

ABCDES模式是我根據「薩提爾內在冰山」（Satir Iceberg Metaphor）[63]的模式，稍微做了一些調整，在操作上面，或許更為容易。

維琴尼亞．薩提爾（Virginia Satir）所提出的內在冰山隱喻，是一個用來描述人類行為、內在狀態的溝通模型。這個隱喻將人比喻成一座冰山，分為可見和隱藏的部分。可見部分（又稱外顯行為）包括言語、姿勢、面部表情、動作；隱藏部分（即內在經驗）包括感受、渴望、期待、信念、價值觀、自我概念、過往經歷等。

這個隱喻認為，我們日常所看到的只是一小部分外在行為，背後還有更大的內在經驗在驅動著這些行為。這也意味著，如果我們要真正理解一個人，就得探索隱藏在冰山下那部分的內涵。換句話說，如果你想要了解自己、了解對方，就得知道彼此的冰山底下有什麼；如果想要增進彼此的關係和溝通，那麼將兩人的冰山擺在一起看，就有助於內心冰塊的消融。

根據這個隱喻，我把感受改成情緒（Affection），記為A；外顯行為（Behavior）記為B；信念調整成認知想法（Cognition）記為C；渴望（Desire）記為D；期待（Expectations）記為E；最後，自我概念（Self-concept）記為S。

經過設計，這樣你隨時隨地都可以重新檢核你在關係當中的行為，以及這些行為背後的各種內在隱藏的部分，作為下一次互動時，溝通、修改和調整的依據。

- **A情緒**：發生這件事情，我的感覺是什麼？
- **B外顯行為**：我做了什麼？
- **C認知想法**：我內心的想法是什麼？我的價值觀是什麼？
- **D渴望**：我真正想要的是什麼？
- **E期待**：我期待對方給我什麼？我對關係的期待是什麼？
- **S自我概念**：我覺得自己是個怎樣的人？

還記得第1章 Hank 與 Sherry 的故事嗎？Sherry 在遇到 Hank 後，感受到前所未有的安全感，整個人淪陷。她放棄自己的社交圈和興趣，將生活重心完全放在 Hank 身上。然而，這種依賴關係成為一個陷阱，一方面她感到恐慌和焦慮，另一方面 Hank 也倍感壓力。

63 | Satir, V., Banmen, J., Gerber, J. and Gomori, M. (1991). The Satir model: family therapy and beyond. Palo Alto, CA: Science and Behavior Books, Inc.

Sherry 意識到他們的關係已變得不健康，如果她拿出一張紙，列出ABCDES模式的六個項目，逐項進行檢核，可能會是：

- **A情緒**：我感到非常不安和孤單，內心充滿了被遺棄的恐懼，這讓我感到窒息。我會覺得內心很空，很想要有一個人可以趕快填滿我的那個洞。
- **B外顯行為**：當Hank沒有及時回我的訊息時，我會不停檢查手機，看他是否已讀或回覆。
- **C認知想法**：如果Hank不回我的訊息，就表示他不再愛我了。如果他在乎我的話，應該不可能一、兩個小時都沒有看手機吧？他一定是在和其他人聊天，或早就對我們的關係產生厭倦了……
- **D渴望**：我真正想要的是「感受到被愛和重視」，我渴望一種「即使不在一起，也能感受到對方關懷」的關係。
- **E期待**：我期待Hank能夠隨時回應我，給予我安全感。我想要我提出需求的時候，對方就會在，而不是每次我要個什麼，對方就消失或者是不回應。
- **S自我概念**：我覺得自己是一個需要不斷確認和安全感的人。我害怕被遺棄，可是這讓我在關係中變得非常依賴對方。

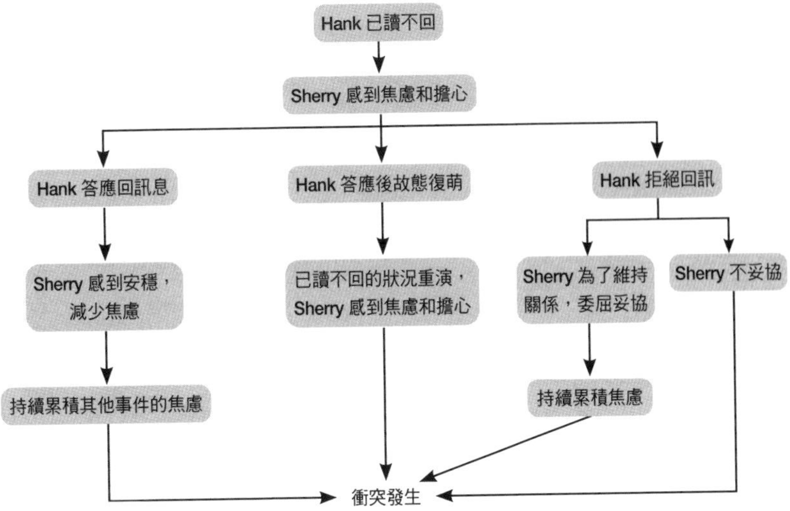

經過這樣的自我探索之後，Sherry更清楚自己在這段關係裡面一直有個不切實際的期待，就是「渴望對方來滿足自己的安全感」。這是一個「注定悲哀的結局」，因為不管Sherry多麼努力，她生命的主導權永遠掌握在對方手上。如圖所示，兩人關係最終會導向「衝突發生」的結局。

依靠者會傾向把自我價值的遙控器交給對方，不只為愛變得患得患失，也會讓對方占據自己腦袋裡面幾乎所有的腦容量，不斷地內耗。另一方面，拯救者Hank如果是透過Sherry的存在來證明自己的價值，那麼，當Sherry不再如此渴求自己的時候，這個供應鏈崩解，Hank的自信心也會跟著瓦解。

逐步建立自身安全感

當你意識到這是一個註定悲哀的結局，可以進行兩個步驟的調整，一是逐步建立自己的安全感，二是與對方開啟關係痊癒的溝通。特別列出第一個步驟，是因許多時候對方並不一定會意識到自己「有問題」，甚至當你對他說：「我覺得我們之間可能需要聊聊。」他可能還會告訴你：「不要相信那種邪門歪道。」像這種時候，你可以先從逐步建立自己的安全感開始。

前面提到的六個探索內在冰山的項目，就像是拿起一把手術刀，往下一層層切開你最深層的恐懼和擔憂，找到傷口的核心。當你發現自己內在真正的渴望是想要獲得對方的關愛，真正害怕的是被遺棄。於是，你試圖去陪伴和照顧那一個「害怕不被愛」的自己時，你就已經一點一滴的，在逐步建立自身的安全感。

需要特別提醒的是，這是一個非常非常痛苦的決定。因為這意味著你必須告別過去你所習慣的模式，採取一個截然不同的方式來面對你的焦慮，在感覺到重生之前，你會先感受到巨大的不舒服。

我曾經有過一個經驗：好幾個月以來，我的信用卡都會有兩、三百元不知來由的扣款，我不確定那是什麼名目，但因為也不算花很多錢，我就放著不去理它，把它當成一種「莫名其妙的花費」。而當我開始需要支付更多開銷，不得不仔細盤算進出的每一分錢時，我發現那有好多是我訂閱的月費制軟體，我根本都沒有在用。於是，我一一取消了它們，至少從下個月開始，就不會再扣這些款項了。

一直到我要取消「Adobe 的攝影計畫」這項扣款時，我猶豫了！當初我可能看著綁約一年的「年度計畫」比「月費制」比較便宜，就直接簽約了，如果現在中止，要繳交百分之五十的違約金，且下個月開始就不能使用所有服務；而如果不中止，我等於要負擔全額。

經過一翻天人交戰，我心裡面突然出現了一個聲音：「每個月繳納這些費用，買一個你完全不會用到的功能，而且還要持續繳納剩下的十一個月，這對你來說真的有比較好嗎？」於是，我牙一咬，繳了違約金。第一個出現的感覺是心痛，第二個感覺居然是輕鬆。

後來，我仔細感受一下我所繳的這個違約金到底代表了什麼意義，發現其實有幾種層次：第一，它代表從此以後我就脫離了某個束縛，不再需要被一個莫名地扣款；第二，它代表我願意為過去自己做下的決定負起責任，而不是擺爛，看著我的錢不斷地從帳戶裡面流出去；第三，它代表一種選擇，儘管過去許多的日子我已經無法重來，但從今以後，我還是有所選擇。可能因為這樣，那輕鬆的感覺才會接著出現。

開啟關係痊癒的溝通

倘若對方願意和你一起聊聊，校準期待並校準關係，那表示你們雙方都願意投入，也盼望這段關係可以有所改變。那麼，一樣可以使用ABCDES模式來進行，只是在過程當中，你可能要把對方的狀況也考量進來。

根據薩提爾的理論，關係的溝通之所以經常會碰壁，是因為我們對於對方的需求感受和想法產生誤解。這意味著，我們很可能會推測對方有某一種內在的狀態，但對方不一定是這樣想的，所以這時候，「核對」就變得非常重要。

舉例來說，Sherry可能認為「Hank的已讀不回」代表他不在乎這段關係了，甚至因為這件事情開始一連串的自我內耗、產生關係衝突，但實際上，經過核對之後，Hank的已讀不回或許只是意味著他在忙，他的信念、內心想法是「我覺得沒有什麼訊息是需要立刻回的」或「真的有急事就打電話」，而Hank期待Sherry不要動不動就傳訊息，他內心真正的渴望是能夠保有自己的空間與時間，可以喘一口氣。而這不代表Hank不愛Sherry了，這一點和Sherry的內心想法並不相同。

像這樣的一個過程，其實就是透過開啟關係痊癒的溝通，核對雙方的內在狀態、校準彼此的期待，進一步來校準兩人的關係。如果你要和伴侶、夥伴、家人、同事、朋友一起進行關係痊癒的溝通，可以使用下表來進行練習。

項目	內容	Sherry	Hank
A 情緒或感受	我覺得怎麼樣？	我覺得焦慮、恐懼，害怕失去 Hank 的愛。	疲憊、無奈、束縛、窒息、喘不過氣來。
B 外顯行為	我當時做了什麼？	我指責他不夠關心我。	我因為工作很忙忘了回 Sherry，卻釀成了一場「災難」。
C 心裡的想法、價值觀	我心裡在想什麼？	我知道自己這樣很誇張，也覺得不能一直這樣下去，但卻停不下來。	只是漏回一個訊息，有那麼嚴重嗎？
D 內心的渴望	我其實真正渴望的是……	我渴望獨立與自信。	我渴望自由。
E 期待對方做什麼	我想要他……	我希望 Hank 能懂我，給我支持與鼓勵。	我希望 Sherry 能給我多一點空間。
S 自我概念	我認為自己是……	我是一個很煩人、很多餘又黏人的人。	我是一個懦弱又害怕衝突的人。

實際列出這張表格之後，恭喜你，已經擁有了這段關係的第一張地圖。至少在面對類似衝突情境的時候，兩人可以有一個討論的基準，去聊聊雙方的想法、感受、期待與渴望是什麼。不過，光有地圖是沒有用的，還需要有「交通工具」，才能夠抵達目的地。

如何將兩個人的需求校準到一個點上？接下來就是「非暴力溝通」（Nonviolent Communication，簡稱NVC）上場的時候了！

非暴力溝通四步驟

海苔熊好：

每當我有想放棄自己生命的時候，都是海鷗的擁抱救了我，雖然他說分開住不等於分手，也在我試圖自殺那晚哭著對我說：「我覺得你會變成不健康的人，都是因為遇見我，如果沒有遇見我，你還會是那個開開心心獨立自主的人。但我心中一直有一種被拋棄的感覺，好像這個人隨時都有可能消失不見……」

該怎麼承認過去自己的行為很糟糕？如果我真的去改變自己原本情緒勒索的行為，會經常想到那原本的我這麼糟糕，真的有人真心愛我嗎？我也想知道，為

什麼我聽得愈多，反而做得愈差？

海豚

你曾經為了關係而努力，但不論如何用力，好像都沒有太大的改變的那種無力感嗎？當你持續用一種方式在努力，卻於事無補的時候，或許並不是你的努力本身不好，而是方向有點歪掉。就像這則海豚投稿到「海苔熊信箱」的故事，他其實很用心地嘗試去改變自己，但不知道為什麼，還是會陷入那種自我否定的迴圈。

在一段關係當中，頭悶起來不斷地想，是不會有結果的。既然名為「關係」，就代表要兩個人溝通，才有前進的可能。而我也相信，當你和對方有一些衝突或不愉快的時候，光是要開口與對方談就是一種壓力。

倘若要和對方開啟一個「溫柔」的溝通，一方面要面對和接受自己過去的狀態，另外一方面又要表達自己在關係當中的渴望，該怎麼做呢？

非暴力溝通是由美國心理學家馬歇爾・羅森伯格（Marshall B. Rosenberg）[64]提出

64 Rosenberg, M. B., & Chopra, D. (2015). Nonviolent communication: A language of life: Life-changing tools for healthy relationships. PuddleDancer Press.

的一種溝通模式，他認為溝通的基礎在於互相合作、聆聽和同理心。

這講起來很容易，實際上，很多時候人們之所以無法好好溝通，是因為沒有把耳朵打開，一味想要戰勝對方，或想要賭一口氣，甚至也不曉得自己到底想要什麼，就只是想要吵架而已。

這個溝通模式核心的理念是，每一個人在說出一句話的時候，背後都有一個深層的需求。如果我們可以好好表達這個需求，並且接收對方的需求、理解對方的需求，就可以增進溝通。

這裡有一個關鍵，你不一定要滿足對方的需求，只需要「了解」就好了。有時候光是了解，就可以讓兩個人的關係往前邁進一步。

一般來說，非暴力溝通涉及四個主要的步驟：

一、**觀察**（**Observations**）：客觀地描述所觀察到的事件或行為，避免加入任何個人的評價或解讀，指出哪些具體的行為影響了我們的感受，而不是將自己的情緒歸咎於他人。

二、**感受**（**Feelings**）：誠實且開放地表達自己當下的感受，表達情緒，讓對方了解這些情緒背後的深層意義，以及它們如何與我們所觀察到的行為相連結。

三、**需求**（**Needs**）：探索並明確表達自己的基本需求，即是什麼「東西」引發了我們前面的那些感受。透過辨識並表達這些需求，讓對方有機會可以理解我們現在想要的是什麼。

四、請求（Requests）：最後，以積極且具體的方式提出請求。關鍵在於具體，因為對方不會讀心術。值得注意的是，這邊的請求並不是命令，而是一種邀請，請對方執行一些行動來支持我們。既然是邀請，對方也可以拒絕，那麼，就要在這之間找尋一個彼此都可以接受的平衡點。

具體的表達，可以是這樣：

- **觀察**：我怎麼了？你怎麼了？我們怎麼了？
- **感受**：我感覺怎麼樣？你感覺怎麼樣？我們現在的氣氛是什麼樣？
- **需求**：我想要什麼？你想要什麼？我們共同想要什麼？
- **表達**：我可以做什麼？你可以做什麼？我們可以做什麼來跳脫以往的迴圈？

以海豚來說，如果他想要與海鷗進行非暴力溝通，又擔心自己在現場可能會情緒失控的話，或許可以寫一段訊息給海鷗。你可以藉由接下來這段訊息考考自己，哪些句子正在使用前述的哪些步驟？

海鷗：

上次你談到，分開住不等於分手，然後你也哭著跟我說，你擔心我因為遇見你而變得不健康。老實說我聽到這句話，我感覺到非常難過和害怕，我害怕失去你，也很害怕我自己所做的這些事情會讓你感覺到壓力。

我是一個很需要安全感和被愛的人，我其實很討厭自己這樣，但我也想要我們的關係是健康的。我想要成為一個更好的我，只是我目前還不知道要怎麼辦。

我希望我們可以找到方法，當我感到不安和恐懼的時候，我想知道我們可以怎麼溝通，讓彼此都可以感覺到被支持和理解。我也想知道，當你覺得有壓力的時候，我可以做一些什麼事情來支持你？

這個例子是單向的溝通。如果是一來一往的溝通，我以 Sherry 與 Hank 為例，當他們意識到彼此對於回覆訊息的需求有所不同，並開啟討論的時候，可能是這樣：

某天晚上，Sherry 坐在客廳沙發上，Hank 則在一旁的椅子上滑手機。

Sherry：（試圖保持平靜）Hank，你有空嗎？我想跟你聊聊。

Hank：（放下手機，有點緊張）怎麼了？

Sherry：（深呼吸）我今天傳訊息給你，你沒有回我，讓我感到有點焦慮。

Hank：（不耐煩）只不過是晚一點回，又不是不回，有那麼嚴重嗎？你別那麼黏人好不好！

Sherry：（試圖表達理解）我知道你需要你的空間，只是，當我沒有收到你的回應時，我會擔心我們之間是不是發生了什麼問題。

Hank：你不要又在那裡發瘋了，好嗎？

Sherry：（保持冷靜，試圖理解）Hank，我理解你需要自己的空間。我不是想要限制你，或是讓你感到壓力。

Hank：（稍微放軟語氣）我就是需要一點自己的時間，難道要我一天到晚盯著你的訊息嗎？

Sherry：（誠懇）我完全尊重你需要時間和空間的權利。我不是要讓你感到困擾或是被壓迫。當我沒有得到回應時，我會感到不安。你不需要一直盯著訊息，或許你可以給我一個簡單的回應，就像一個小小的貼圖之類的，讓我知道你需要時間，但你還活著。

Hank：（還是生氣，但是帶著委屈）但我也有我的需求啊！有些時候我可能剛好滑開，或一忙忘記了，不一定能回你符號或貼圖。

Sherry：我知道，你不是每一次都能立刻回應。我理解有時候你可能會忘記，或是有其他事情要處理。

Hank：我不讓想你覺得我忽略了你，但同時我也需要一些彈性。

Sherry：聽你這麼一說我很感動，也安心許多。也許我們可以設定一個更靈活的溝通方式？比如，如果你忙到不能立刻回應，我會試試看不去擔心，給你一些時間和空間。而當你有空時，只要一個簡單的回覆，讓我知道你收到了，這樣對我來說就足夠了。

Hank：這聽起來可行性比較高。我也不想讓你感到不安或被忽略，不然回來你又要找我「聊聊」……

Sherry：（感激）謝謝你願意照顧我的需求。

Hank：（傲嬌略帶開玩笑）沒辦法，誰叫我這麼愛你。

魔鬼藏在細節裡，這段對話有三個重點：

第一，發起這個對話的是Sherry，她可能讀了這本書之後，打算採取非暴力溝通，那麼在過程當中，她要記得不斷觀察現狀（此時此刻彼此怎麼了）、覺察自己的感受（我現在覺得怎麼樣），這兩個「察」相當重要，幾乎等同於開車時前面的擋風玻璃，如果沒有看清楚就直接踩油門，那麼很快就會撞得稀巴爛。

第二，Sherry的需求是「希望能夠得到對方的回應」，這件事情一定要像是一個羅盤一樣，握在自己的手中千萬不要放開。這並不是說對方一定要滿足這個需求，而是說在討論的過程當中，千萬不要忘記你是為了這個需求在進行討論的。

溝通常常會有許多情緒來來往往，有時候會被對方說的話給勾走，會去到其他的話題，可能開始翻舊帳，或是進入以前的回憶等。所以不論你討論到哪裡，一定要回來檢視你手中的羅盤，現在進展到哪裡了，否則有可能吵了一整個晚上，彼此都很疲倦，可是好像什麼都沒有解決，又沒有增進對雙方的了解。

最後，對方不一定會合作，就像 Sherry 好聲好氣地開始溝通，Hank 第一句話就豎起防衛，然後開始指責 Sherry 黏人、發瘋等。這時候，「忽視傷害字眼」的技巧就變得非常重要，Hank 說出這些話其實無助於非暴力溝通，只是為了傷害 Sherry 而已。你可以想像這些文字就像是馬路上面的坑洞、路障，最好的方法就是繞道而行。

在前面的對話中，Sherry 一次也沒有去處理那些傷人的文字，反而是把重點放在他們一開始討論的事情——關於「回應」的這個需求。如此一來，話題才能夠聚焦，她真正在乎的事情才能夠被看見。

許多人會認為範例句子都有一種疏遠感，拿到現實生活當中實際應用，似乎沒有什麼效果，這往往都是敗在最後一點，也就是在溝通的時候被對方的情緒給拉走。所以，除了知道非暴力溝通的四個步驟，你還要能夠打開溝通之眼！

打開溝通之眼的五個技巧

在陳亭亘所著的《你說的是愛還是傷害》當中，曾談到非暴力溝通有幾個技巧，我覺得相當實用，可以作為關係溝通的護身符。在你要和對方討論的時候，不妨先在心裡唱誦三遍。

一、**學習辨認暴力語言**：發現自己或者是對方講的某些話，是在傷害自己、傷害對方。一開始可能是溝通結束後才發現，透過練習，漸漸地可以在當下，甚至溝通前就發現。慢慢來，給自己一點時間。

二、**行使暴力語言的，是一部分的自己**：原諒並且接納那個「暴力的你」，它並不是想要傷害關係，而是想要保護自己。因為太害怕被丟掉了，太害怕孤獨一人，所以用種種威脅來避免自己被丟掉的恐懼感。你不是蓄意地想要傷害他，而是因為害怕。當你理解到這件事情，你也可以給自己更多的溫柔關愛和擁抱，這就是自愛的開始。有點像是存錢筒，一點一滴，可以累積你對自己的愛，也可以累積你的安全感。

三、**減少使用暴力語言**：這裡的關鍵在於「減少」而不是「不要使用」。勉強自己完全不要使用「過去所習慣的方式」可能會過度壓抑後反彈，結果變成感情的「溜溜球效應」，大好大壞。開心的時候很好，痛苦的時候很糟糕。平時沒什麼事，一爆炸就兩敗俱傷。你可以先用調整頻率或強度的方式，每天試著溝通一點點，就不會壓抑到最後一股腦地爆發，讓彼此都害怕。

四、使用非暴力的耳朵聆聽他人：陷入負面情緒的時候，我們很容易用悲觀的觀點來詮釋對方的意思，或者是選擇性注意對方「不愛我」的訊息，就會產生「暴力語言」來保護自己。這種保護其實是一種推開，會讓對方沒有辦法靠近你。例如：他剛剛講那一句「是喔」，有可能是不在乎我，也可能是他在忙，還有可能是他需要一點時間思考。我的耳朵聽到的，與我猜想的，不一定是一樣的。

五、允許彼此表達脆弱和需求：你知道要和對方溝通，把話說開來，可是有些時候，「說出情緒」並不一定會讓彼此舒服，尤其當對方沒有辦法同理你的情緒的時候。例如：《昨日的美食》裡面兩個男主角因為某件事情不愉快，他們不是直接說開，而是用行動表達。在兩人衝突後的隔天早上，一人在冰箱裡面發現了另一人特地留下他最喜歡的水蜜桃。這個小小的行動，他就明白對方的道歉了。

對於某些人來說，講出來的感覺比較舒服，但重點是你們習慣用什麼方式表達自己的需求？上次表達的方法有用嗎？如果沒有用，是不是可以改別的方法呢？

最後，當我們在關係當中做出一些傷害彼此的事情的時候，會覺得自己很糟糕，討厭自己為什麼要這樣，甚至出現很多自我厭惡，可是因為每個人身上都有一些傷口，不一定要「變好」才可以被愛。有些時候，關係裡面的距離只是為了保護彼此不再進一步受傷，而不是要把對方推走，在當下的狀況，或許可以先降低彼此的恐懼，增加安全感。伴侶諮商是一個可以嘗試的方案，或可討論在不同需求的狀況下，有沒有能顧及自身的安危、伴侶的心情，也不會讓自己的不安全感一直升高的方法？

如果暫時找不到這樣的方法，也沒關係，記得先安頓自己的情緒。你可以輕輕地對自己說：「他現在不在我身邊，並不代表他要丟掉我、不要我。只是他也需要一點空間，調整和降低害怕的感覺。過去發生一些事情的時候，我會覺得很可怕、很危險，但是此刻在這裡，我沒有危險，我很安全，我可以保護自己，我不會被自己丟掉。」

慢慢來，做幾次緩慢地呼吸。你再次輕輕地告訴自己：「我還不知道要如何好好陪伴自己，但我正在練習，練習陪伴自己。」

練習篇

象徵構成——打開你的內在地圖，發現物件背後的祕密！

這個練習是我經常在演講或工作坊，無法帶沙遊體驗時的替代遊戲。我覺得相當有趣，收錄在這本書中，提供給你作為參考。

這個活動其實是做一個「模擬迷你沙盤」，但在沒有沙與盤的情況下也能執行。詢問博士班的指導教授之後，我們採用「象徵構成」（Symbol Fomation）這個詞，讓你用最簡便的方式，在安全的空間裡進行自由探索。

這個活動設計成兩個人一組，可以一起玩，一起分享，如果你與某個人有依賴陷阱的課題，也可以找他一起進行這個練習。

前置準備

進行這個活動，需要的器材包含：

- **紙**：Ａ４紙或大圖畫紙。
- **物件**：小玩具或公仔，任何你喜歡的東西都可以。
- **筆**：各種可以畫在紙上的筆。

準備大的圖畫紙，或是將至少兩張Ａ４紙拼在一起，這就是我們的模擬迷你沙盤。

找一些道具，例如各類扭蛋、公仔、模型，或利用黏土做出一些假山，甚至是拿親戚小孩不要的小玩具都可以。你需要創造出一個世界，想像力就是你的超能力。

另外，準備一些色鉛筆、彩色筆、蠟筆等，作為我們接下來建構世界時的輔助工具。

進行過程

先選擇一個吸引自己的物件（主角），可以是你最喜歡的、最討厭的，或是不知道為什麼看中的都可以。我們接下來要進行的過程是：

- **介紹物件**：介紹自己怎麼會被這個物件給吸引。詞窮的時候，可以想三個描述這個物件的形容詞，例如這個物件的優點、缺點，或者是自己想到的任何字詞。
- **製作「模擬沙盤」**：兩個人各自拿一張紙，讓長的那邊拼接在一起，接著拿起筆，在紙張上面沿著邊緣描述外框線，共同創造一個盡量不要讓情緒滿出來的空間。然後不論你拿了什麼物件，都要擺放在這個空間裡面。

如果你們覺得空間太小，可以多拿幾張紙，像拼圖一樣把它拼起來，然後沿著紙張的最外圍描線，試著兩人合作畫出一個巨大的圓圈或矩形。

再來，一起用筆畫出造景物件吧！可以是山水、花草、星星、河流。完成建構之後，再講個故事，描述這個世界裡發生了什麼事。

探索問句

這是一個探索關係的活動，你可以透過兩人互動的過程，感受彼此關係裡的張力和互動狀態，也可以透過擺放物件的方式，來感受彼此是如何在關係當中安放自己。我提供一些探索的句子，你們可以在進行的時候討論：

一、**描述沙盤**：

- 如果要在這張紙上面擺放剛剛各自選的那一個物件（主角），你會如何擺放它？
- 是什麼原因，讓你這樣擺放？
- 這樣擺放，從不同角度看起來有什麼感覺？
- 這裡有幾個世界？
- 在這（幾）個世界裡面發生了什麼事？

二、**進入主題**：

- 如果這兩個主角要聊天、溝通，他們會聊一些什麼？
- 這兩個主角是在什麼樣的情況下相遇？
- 他們為什麼會彼此吸引？

● 搭配剛剛各自說的角色特質和描述，你覺得他們溝通和相處的時候會有什麼樣的困境？

三、**回顧：**

● 站起來看看沙盤，從不同角度感覺一下，或是拿起你自己的主角物件看一看，有什麼感覺？

● 這個活動的感受是什麼？你發現自己和對方有什麼相似或相異的地方？

● 你覺得整個過程做完之後，有什麼感覺？

結語

成為先改變的那個人

鄧惠文在《婚內失戀》一書當中談到，當關係出現困境的時候，我們往往都希望對方先做出改變，但有沒有一種可能是，我成為先改變的那個人？

你可能會覺得委屈、不公平，納悶為什麼每次都是我先改變。其實我認為，先改變的人反而是擁有比較多掌控權的人，當你開始做出一些調整，你就不用被動地等待對方「不知道什麼時候才會採取的行動」。

換句話說，當你成為先改變的那個人的那一刻起，你就「減少了不確定感」。當然，並不是每一次你有一些改變之後，對方也會跟著你調整，但可以確定的是，倘若你繼續維持兩人當前的互動方式，那麼有很高的機率，會繼續以往那種讓你們都痛苦而且熟悉的模式。

關係的校準始於期待的校準，而期待的校準始於你先願意拿起你手中的羅盤。當你開始嘗試去思索自己的需求，並且練習寫一封訊息來表達感受，你就已經拿起了羅盤，甚至握緊方向盤，把腳放在油門上，準備前往你以前沒有去過的地方。

既然是沒有去過的，那難免會感到徬徨、不安、不確定，甚至會退卻——這些都是正常的。

然而，你可以相信，你原本就擁有自己的力量，你本來就不需要倚靠他人來成為你自己。再往前開一段路，再開一段路，一段時間之後你會發現，那些你以前仰賴維生的陷阱，現在已經距離你好遠、好遠了。

會有那麼一天的。

國家圖書館出版品預行編目 (CIP) 資料

依賴陷阱：在脆弱中找回勇敢，凝視關係困局，重拾自我的 21 個練習／海苔熊 著 . -- 初版 . -- 臺北市：遠流出版事業股份有限公司，2024.06
面； 公分

ISBN 978-626-361-707-0（平裝）

1.CST: 依賴性格 2.CST: 人格障礙症 3.CST: 人際關係

173.75 113006359

依賴陷阱

在脆弱中找回勇敢，凝視關係困局，重拾自我的 21 個練習

作者／海苔熊

資深編輯／陳嬿守
美術設計／謝佳穎
內頁排版／魯帆育
行銷企劃／鍾曼靈
出版一部總編輯暨總監／王明雪

發行人／王榮文
出版發行／遠流出版事業股份有限公司
104005 台北市中山北路一段 11 號 13 樓
電話／（02）2571-0297 傳真／（02）2571-0197 郵撥／0189456-1
著作權顧問／蕭雄淋律師
2024 年 6 月 1 日 初版一刷

定價／新台幣 380 元（缺頁或破損的書，請寄回更換）

ISBN 978-626-361-707-0

遠流博識網 http://www.ylib.com E-mail: ylib@ylib.com
遠流粉絲團 https://www.facebook.com/ylibfans